THiLO (pseudo de Thilo P. Lassak) est l'un des auteurs jeunesse les plus connus en Allemagne. Après avoir passé beaucoup de temps enfant dans la librairie de ses parents, il a travaillé comme journaliste, et voyagé dans le monde entier. Il a écrit de nombreux livres jeunesse, qui ont tous connu beaucoup de succès, et il est également scénariste. THiLO vit à Mayence avec sa famille. Pour accéder à son studio à Mayence, il a aménagé un passage secret que seuls les Animal Heroes connaissent…

Jan Birck a illustré de nombreuses collections de livres jeunesse. Son atelier surplombe les toits de Munich. Les Animal Heroes peuvent donc facilement y faire une halte quand ils doivent prendre la pose pour Jan.

Du même auteur, chez Castelmore :

Animal Heroes :
Les Ailes du faucon
L'Aiguillon des mers

CE LIVRE EST ÉGALEMENT DISPONIBLE
AU FORMAT NUMÉRIQUE

www.castelmore.fr

THiLO

L'AIGUILLON DES MERS

Illustré par Jan Birck

Traduit de l'allemand par Sabine Boccador

CASTELMORE

Castelmore est un label des éditions Bragelonne

Animal Heroes Vol. 2: Rochenstachel,
by Thilo and illustrated by Jan Birck
© 2017 by Ravensburger Buchverlag Otto Maier GmbH,
Ravensburg (Germany)

© Castelmore 2019, pour la présente traduction

Loi n° 49-956 du 16 juillet 1949
sur les publications destinées à la jeunesse

Dépôt légal : mai 2019

ISBN : 978-2-36231-504-6

CASTELMORE
60-62, rue d'Hauteville – 75010 Paris
E-mail : info@castelmore.fr
Site Internet : www.castelmore.fr

Sommaire

UNE DANGEREUSE PARTIE D'ESCALADE

TORSE NU, JOHN SUAIT SANG ET EAU À PRÈS de deux cents mètres de hauteur. La paroi rocheuse contre laquelle sa tête était appuyée avait une odeur de fer. Il ne sentait plus ni ses bras ni ses jambes, tant ses muscles étaient contractés. Ses doigts s'agrippaient à la roche. Sa respiration était saccadée. Au-dessus de lui se dressait un promontoire rocheux meurtrier. Au-dessous, c'était le vide. Son cœur, qui battait la chamade, était sur le point d'exploser. Dans la nature australienne, le soleil était implacable.

Ne regarde surtout pas en bas, se répétait John.

Mais il baissa les yeux, en toute conscience. Sa vue se troubla. Les eucalyptus, les rochers, le fleuve et les promeneurs aussi minuscules que des fourmis se mirent à tourner autour de lui.

Il était agrippé à une paroi raide. Seul. Et il était uniquement assuré par quelques mousquetons et une corde. Son entraîneur se serait arraché les cheveux en le voyant. Les élèves devaient grimper par deux afin de s'assurer mutuellement. Mais John était seul. Il regarda une nouvelle fois en bas. En cas de chute libre, il toucherait le sol en moins de sept secondes, alors qu'il avait mis trois heures pour arriver jusque-là.

Les montagnes du parc national des Grampians, en Australie, étaient le paradis des grimpeurs. Mais pas pour John, qui avait le vertige. La traversée d'un simple pont suffisait à lui donner des sueurs froides.

Impossible pour lui de se pencher par la fenêtre d'un immeuble sans paniquer. Ce garçon de onze ans se contentait donc de regarder d'en bas les tours, les églises et les pyramides.

Mais depuis peu, John avait pris une décision : il refusait désormais de se laisser dominer par ses peurs ! Depuis qu'il faisait partie des Animal Heroes, sa manière de penser avait changé. Quand il était angoissé, il serrait les dents et regardait le danger en face. Peu à peu, il était parvenu à maîtriser ses sentiments négatifs. Mais là, à deux cents mètres au-dessus du sol, il prit conscience qu'il était allé trop loin. Il avait exagéré.

Depuis la cérémonie maya lors de laquelle il avait été lié à Wesley, sa raie, John nageait comme un poisson.

Il était devenu un super-héros et comptait parmi les quatre membres des Animal Heroes. Son nom de héros était Aiguillon des mers. Quand il revêtait sa tenue de poisson, John se sentait presque invincible. Grâce à un entraînement soutenu, il parvenait à parcourir un kilomètre sous l'eau sans reprendre sa respiration. Même si, comme Wesley, il pouvait nager à une vitesse faramineuse, il était encore loin d'avoir acquis toutes les facultés de sa raie. Mais l'escalade n'était pas son fort. Son ami, Aiko, qui avait été le premier des Animal Heroes à s'être lié à un animal, parvenait à grimper sur les parois les plus raides et les plus lisses. C'était normal puisque Nelson, son animal, était un gecko. Ses capacités avaient stimulé John. Depuis des semaines, le garçon faisait de l'escalade pour vaincre sa peur. Il avait commencé par grimper sur de petits rochers.

Puis, se sentant plus à l'aise, il s'était lancé à l'assaut de parois plus hautes, avec un équipement et un partenaire. Pour la première fois, il se retrouvait seul à une hauteur vertigineuse sur une paroi abrupte. Des milliers de grimpeurs étaient venus ici avant lui. Mais ils n'avaient pas eu à vaincre leur peur du vide comme John.

Le garçon inspira profondément. Il devait surmonter un obstacle de taille : escalader l'un des promontoires rocheux nommés *balcons* dans le jargon des grimpeurs. Rien que l'idée de se suspendre à la corde lui donnait des sueurs froides.

Tue la bête en toi ! se dit John.

La peur le paralysait. S'il faisait la moindre erreur, s'il tombait, il s'écraserait sur le sol. Les randonneurs n'auraient plus qu'à ramasser ses restes. À moins que les corbeaux ne s'en chargent. Comme cet oiseau noir inquiétant qui volait autour de lui depuis un certain temps.

John avait pris un risque démesuré. Sa main droite relâcha la prise et s'éleva à cinquante centimètres au-dessus de lui. Ses doigts palpèrent alors une arête rocheuse et s'y agrippèrent. Subitement, le corbeau effleura le garçon de son aile avant de disparaître.

Le dernier mousqueton avec lequel John avait assuré sa montée se trouvait à vingt mètres au-dessous de lui. Son entraîneur l'aurait sérieusement réprimandé et qualifié de danger public. John voulait poursuivre son ascension sans rien précipiter. Il n'avait pas la moindre intention de tomber !

Il saupoudra sa main gauche de magnésie et s'agrippa plus haut. Le promontoire rocheux se trouvait juste au-dessus de lui. La moindre erreur pouvait lui être fatale, mais il s'efforça de ne pas y penser.

—Vas-y, Aiguillon des mers! dit-il pour s'encourager. Tu peux y arriver!

Il pensa à Aiko. Pour son ami japonais, les promontoires rocheux semblables à celui-ci n'étaient que de petits obstacles qu'il était capable de surmonter à trois heures du matin au saut du lit. Aiko avait des ventouses aux mains et aux pieds quand il portait sa tenue de gecko. Il se serait moqué de John.

—Bah! Mais toi, tu ne sais pas nager sous l'eau! s'exclama John, comme si Aiko l'observait avec un sourire narquois.

Aiko était toujours si prétentieux! Tout ça parce qu'il était le premier à être devenu un Animal Hero. C'était comme si le Japonais le mettait au défi. John chassa une mèche blonde lui tombant dans les yeux. Il leva la jambe gauche, qui resta un instant suspendue dans le vide, avant de prendre appui sur le rocher. Puis il leva la jambe droite. Il était tout près du promontoire, la tête tournée vers le sol.

Soudain, son smartphone se mit à vibrer. Le moment était très mal choisi! Seules quatre personnes connaissaient le numéro de ce portable : Pablo, Aiko et Mojo, les trois autres Animal Heroes, et bien sûr Cliff Hanger, leur mentor, qui coordonnait leurs actions. Quand ils l'appelaient, c'était toujours pour une urgence.

John s'efforça de rester concentré. Pas maintenant! Il voulait d'abord atteindre le promontoire.

Le smartphone continuait à vibrer. En réprimant un juron, le garçon serra les dents et fouilla dans la poche de son pantalon. Mais l'objet maudit s'était accroché au tissu. Agacé, il tenta de se saisir du smartphone, qui manqua de lui échapper des mains. Il le rattrapa de justesse dans un geste brusque. Sa jambe glissa. Il essaya vainement de se rattraper à la corde et perdit l'équilibre… Le mousqueton suivant était trop loin.

2

VOLER AVEC DES NAGEOIRES DE RAIE

JOHN TOMBA EN CHUTE LIBRE. SUR UN MÈTRE, puis deux. Étrangement, il ne paniqua pas. Bien au contraire. Son être tout entier s'apaisa, comme si ses peurs s'étaient envolées à jamais.

Des images de sa raie, Wesley, lui traversaient l'esprit. Était-ce un message de son subconscient ? John en était sûr. Il prononça donc la formule magique tout doucement, mais avec une conviction profonde. Comme s'il voulait attirer l'attention des dieux mayas.

— *Voyez ce garçon-là, ce n'est pas John, c'est Aiguillon des mers.*

Tout à coup, sa tenue de poisson apparut.
De puissantes nageoires de raie reliaient
ses poignets et ses talons. John étendit les
bras. Comme un parachute, les nageoires se
gonflèrent de vent, freinant du même coup
la chute du garçon. À cet instant, la corde
le retint brutalement. John poussa un cri
de douleur. Sans les nageoires, il aurait
heurté de plein fouet une arête rocheuse,
car il était trop éloigné du mousqueton.
Et il ne portait pas de casque. Ses
nageoires lui avaient certainement
sauvé la vie.

John se balançait près de la paroi
rocheuse comme une mouche
suspendue sous une toile d'araignée.
Il n'était pas encore tiré d'affaire,
mais il était vivant!

— Quelle galère!
s'exclama-t-il.

Il s'efforça de garder son calme, de respirer lentement et régulièrement, de percevoir sa force, la force de la raie.

Au bout de plusieurs minutes interminables, il parvint à prendre appui sur ses pieds. Dès que la corde se relâcha, il se sentit mieux. Il rama avec ses nageoires pour pouvoir atteindre la paroi rocheuse. Puis il attrapa une minuscule arête de pierre et se hissa contre le rocher. Une demi-heure plus tôt, c'était à cet endroit précis qu'il avait utilisé le mousqueton d'un précédent grimpeur. Il l'empoigna une nouvelle fois pour s'attacher. Quelle chance incroyable ! Il s'en était sorti comme un champion !

John riait et pleurait tout à la fois. Des larmes de soulagement coulaient sur ses joues. Il avait participé à plusieurs aventures avec les Animal Heroes, mais il n'avait jamais frôlé la mort de si près.

Il regarda autour de lui. La montagne l'avait malmené. Blessé sous les côtes, il saignait. Son torse fut bientôt couvert de bleus. Mais John serrait les dents pour atténuer la douleur.

Il attendit que ses jambes cessent de trembler et son cœur de s'emballer. Puis il fit disparaître sa tenue de poisson et descendit en rappel en cherchant des endroits plus sûrs. À mi-hauteur, il jeta un coup d'œil sur son smartphone. C'était un message bref de Cliff Hanger, son mentor.

Urgent ! Viens au quartier général. Rendez-vous demain soir à 20 heures. Prends un vol passager normal.

— Youhou ! se réjouit John.

Tous ses efforts n'avaient pas été vains. Cliff avait certainement une nouvelle mission à confier aux Animal Heroes. Malgré le choc, John se sentait en pleine forme. C'était merveilleux pour lui de faire partie d'une telle équipe.

Sans penser à sa peur du vide, il descendit en rappel le long du rocher. Un quart d'heure plus tard, il touchait le sol. Il rejoignit l'eucalyptus où il avait retiré trois heures plus tôt sa chemise à carreaux. Elle pendait à une branche, à hauteur d'yeux, à côté de son chapeau. Perché dans l'arbre, un corbeau l'observait bizarrement. Était-ce l'oiseau qu'il avait vu quand il était sur le rocher ? Comment le savoir ?

—Ne me regarde pas comme ça! lui lança John en riant.

Puis il suivit un sentier étroit menant à la cascade qui se jetait du haut d'un rocher de basalte noir comme le jais. Des centaines de touristes prenaient des photos.

Après la cascade, John longea le fleuve en pressant le pas. Au niveau de l'entrée d'une grotte, il découvrit des peintures aborigènes datant de l'âge de pierre qui représentaient une tortue et un kangourou. En temps normal, le garçon les aurait admirées de plus près. Tout ce qui était lié à la culture aborigène d'Australie, son pays natal, l'intéressait vivement. Mais il n'en avait pas le temps. Cliff Hanger l'avait contacté et ne tolérait aucun retard.

Quand John fut hors de vue des touristes, il procéda pour la troisième fois à la métamorphose magique. Il avait utilisé ses pouvoirs de super-héros une fois à l'aller et une autre fois lors de sa chute. Il allait le faire une troisième fois sur le chemin du retour.

Voyez ce garçon-là, ce n'est pas John, c'est Aiguillon des mers.

En quelques secondes, le garçon revêtit sa tenue bleu-vert. Il passa doucement la langue entre ses dents, puis émit un sifflement inaudible pour l'oreille humaine. Ce sifflement était perçu par un poisson bien particulier. La tête plate de Wesley émergea des flots. Il attendait John. Le garçon plongea dans le fleuve, profitant de ce bain de fraîcheur après son exposition au soleil de plomb sur le rocher. Dans l'eau, il était parfaitement dans son élément et s'y sentait merveilleusement bien. Quand il était plus jeune, il passait déjà une grande partie de son temps libre dans la piscine de ses parents et, plus tard, dans la mer. John s'immergea entièrement. Wesley s'approcha tout près de lui et appuya sa tête contre son nez.

—Arrête ça, petit monstre, dit John.

Quand il était connecté à Wesley, il pouvait parler sous l'eau.

—Nous avons du pain sur la planche. Cliff veut nous réunir. Raccompagne-moi à la maison. Après, tu partiras de ton côté.

Le parc national des Grampians était à trois cents kilomètres de la maison des parents de John. Pour les Animal Heroes, parcourir une telle distance était un jeu d'enfant. Au côté de Wesley, le garçon nagea une bonne heure avant d'arriver chez lui. Il était plus rapide que tous les bateaux du monde.

En bordure de la petite ville où John vivait avec ses parents, il sortit du fleuve. En guise d'au revoir, Wesley fit un saut en l'air.

—Hé! Arrête tes bêtises! lança John. Si on te voit, on te capturera et tu passeras ta vie dans un aquarium où tu pourras à peine bouger. Préserve ta liberté!

Le garçon avait l'air amusé en lui parlant. Même quand Wesley se comportait mal, il était incapable d'être dur avec lui.

Il avait certes assimilé les capacités de Wesley, mais il avait aussi l'impression que la raie avait adopté certains de ses traits de caractère. Et John avait une nature très heureuse.

En voyant les remous à la surface de l'eau, John constata que Wesley lui avait obéi. Il reverrait la raie le lendemain, dans le port de Barcelone. Le quartier général de Cliff Hanger se trouvait dans cette ville espagnole.

Rien n'intéressait davantage les Beast Boys et leur mentor, Mister Yashimoto – les ennemis des Animal Heroes – que de découvrir l'emplacement de ce quartier général. Dans une salle en sous-sol, Cliff Hanger avait entreposé la sculpture magique de serpent nécessaire à la métamorphose des garçons en super-héros. Il avait fini par la dénicher dans un temple au fin fond d'une forêt, au Honduras. Mais Mister Yashimoto avait réussi à la lui voler.

Il s'était produit exactement ce que Cliff avait voulu éviter : Yashimoto avait rassemblé un groupe de quatre super-héros ayant des animaux magiques, les Beast Boys. Avec leur aide, l'ancien espion voulait soumettre le monde. Cliff Hanger avait donc été contraint d'agir. Il était parvenu à lui reprendre la sculpture de pierre et avait fondé les Animal Heroes. Depuis, les deux bandes de garçons étaient en conflit permanent. Heureusement, Mister Yashimoto ne connaissait toujours pas la cachette du mentor de John. Sinon, la sculpture ne serait plus en sécurité. Et s'il entrait à nouveau en sa possession, il créerait aussitôt des milliers de garçons-animaux pour commettre les pires crimes et atrocités.

— Les personnes comme Cliff sont précieuses, murmura John sur le chemin du retour.

Cliff était tout l'opposé du cupide, malfaisant et corrompu Mister Yashimoto. Fort et robuste comme un ours, avec l'étoffe d'un aventurier, le docteur Cliff Hanger était aussi cultivé et plein d'humour.

En tant que spécialiste de la culture maya, il donnait des conférences un peu partout. Mais le plus important pour lui était de permettre aux hommes de vivre dans un monde meilleur. C'est pourquoi il avait besoin du soutien des Animal Heroes.

John flâna dans les rues de la petite ville comme un garçon tout à fait normal. Il salua quelques copains d'école qui faisaient du skate-board sur les rampes. Aucun d'eux ne connaissait son grand secret. Ses parents n'étaient pas au courant non plus. Depuis l'enlèvement de Mojo quelques semaines plus tôt, les Animal Heroes devaient rester plus que jamais sur leurs gardes. Yashimoto ignorait toujours où John, Aiko et Pablo habitaient. Mais rien n'était impossible.

Arrivé chez lui, John prit le journal dans la boîte aux lettres et entra par la porte de derrière. Comme d'habitude, elle était ouverte. Le garçon habitait dans un endroit paisible où les voleurs ne sévissaient pas.

John entra dans sa chambre et tira le tiroir de son bureau. Au fond, dans un compartiment secret, il prit une liasse de billets qu'il enfonça dans la grande poche de son short. Cet argent, qui lui venait de Cliff Hanger, devait le dépanner en cas d'urgence. Il se munit aussi d'un faux passeport, d'une autorisation signée par ses parents qui lui permettait de prendre l'avion seul et de mini-écouteurs avec lesquels John pouvait comprendre toutes les langues modernes sans l'aide d'un interprète. Grâce à cet objet fabuleux inventé par Cliff, il pouvait communiquer avec Aiko le Japonais, Pablo l'Espagnol, Mojo le Ghanéen et les Beast Boys.

Le garçon ne prépara pas de valise. Il voyageait toujours léger. C'était plus facile quand il fallait prendre la fuite. De plus, un bagage aurait attiré l'attention de ses parents.

Après avoir réuni ces quelques affaires, John pénétra dans le salon. Assis sur le canapé, son père feuilletait un livre.

—Bonjour Papa! lança John.

—Bonjour fiston! dit doucement son père en sortant de sa lecture. Où vas-tu?

Le père de John était toujours très calme.

Le garçon lui donna son prétexte habituel.

—Je vais chez Mike regarder le match de rugby et me détendre un peu, répondit-il. Un vrai week-end de copains! Ne comptez pas sur moi avant demain soir.

Son père n'avait rien contre le rugby. Comme presque tous les Australiens, il aimait le sport. Au début, John avait eu du mal à mentir à ses parents. Mais avec le temps, c'était devenu plus facile. Et puis c'était pour la bonne cause. Ces mensonges lui permettaient de garder son secret pour le bien de tous.

—Arrange-toi pour que notre équipe gagne, lui lança son père.

Sur le pas de la porte, le garçon acquiesça.

La nuit tombait quand il rejoignit la gare de bus en bordure de la ville.

Il monta dans le car pour Melbourne, d'où les avions décollaient vers toutes les destinations. Une chose pourtant était inhabituelle. En temps normal, Cliff venait chercher les Animal Heroes à bord de son HeroSpeeder, un hélicoptère ultrarapide qui pouvait faire le tour du monde en quelques heures. Mais les missions spéciales nécessitent parfois des précautions particulières. Ce jour-là, John devait prendre un vol passager classique. Cliff avait sans doute ses raisons.

Le car démarra. John s'affala sur l'un des sièges de la dernière rangée et ferma les yeux. Le lendemain, les Animal Heroes seraient à nouveau réunis, il le savait. Il avait donc besoin de dormir un peu pour reprendre des forces.

Le garçon ne remarqua pas le corbeau qui suivait le car très haut dans le ciel.

3

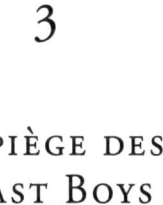

LE PIÈGE DES
BEAST BOYS

Après deux heures de route, le car arriva à l'aéroport. John s'étira avant de descendre. Il palpa discrètement la liasse de billets dans sa poche. Elle était bien là. Puis il chercha sur le panneau affichant les départs le prochain vol pour Barcelone, avant de faire la queue au guichet correspondant. À 20 heures, heure locale, il devait rejoindre le quartier général. Tout allait pour le mieux.

En attendant son tour, il se sentit envahi par un fort sentiment de malaise. La localisation du quartier général était totalement secrète. Devait-il prendre un vol direct pour Barcelone ?

Un signal d'alarme retentit dans sa tête. John avait remarqué ces derniers mois qu'il était capable d'intuitions précises. C'était comme un instinct animal. Il ne pouvait pas toujours expliquer ses prises de décision, mais il savait qu'elles étaient justes quand il écoutait sa petite voix intérieure.

—Ton billet, jeune homme, s'il te plaît, demanda la dame derrière le comptoir.

John réfléchit à toute vitesse. Il renonça à Barcelone. Si jamais il était suivi par l'un des Beast Boys, c'était trop risqué. La révélation du moindre indice sur la localisation du quartier général pouvait avoir des conséquences terribles. Il devait trouver autre chose.

—Je n'ai pas encore de billet, répondit-il pour gagner du temps.

—Ah bon? s'étonna la femme. Où veux-tu aller? Tes parents ne sont pas avec toi?

John secoua la tête et sortit de sa poche l'autorisation prétendument signée par son père.

—Non, non, je voyage seul, dit-il sur un ton décontracté. Je vais voir ma grand-mère pour son anniversaire.

Subitement, il sut quelle ville choisir. Sa grand-mère s'était rendue une seule fois en Europe. Depuis ce voyage, elle parlait avec enthousiasme de Lisbonne, la capitale du Portugal.

—Elle vit à Lisbonne, ajouta John. Y a-t-il encore un siège de libre ?

La femme pianota sur le clavier de son ordinateur.

—Non, il n'y en a plus, marmonna-t-elle rapidement. Il reste une place en première classe, mais c'est trop cher pour toi.

John toisa du regard cette dame arrogante, comme si elle avait renversé un bol de chocolat sur sa chemise.

—Je voyage toujours en première classe, répondit-il fièrement en déposant une pile de dollars australiens sur le comptoir. Combien ça coûte ?

Aussitôt, la femme se montra plus aimable et lui donna son billet.

Le garçon le prit d'un air décontracté, tapota son chapeau et se dirigea vers la porte indiquée.

Les voyageurs de première classe montèrent les premiers dans l'avion. John s'installa confortablement sur le large siège, étendit ses jambes et ferma les yeux.

Il n'était pas du genre insomniaque.

Pendant le vol, il rêva de Wesley. Il imaginait le voyage de sa raie comme s'il se trouvait lui-même dans l'océan. Il croisait des méduses géantes, des poulpes qui nageaient dans les profondeurs de la mer, des baleines et des bancs de thons. À la vue soudaine d'un requin, John se réveilla le cœur battant. Était-ce Rialto, l'animal assoiffé de sang de Tommaso, le plus terrifiant des Beast Boys ? John se posa longtemps la question.

Il y avait évidemment des milliers de requins sur le chemin qui menait vers l'Europe, mais le regard fixe de Rialto était reconnaissable entre tous. Était-il possible que les Beast Boys les pourchassent, Wesley et lui ?

Le garçon toucha à peine à son déjeuner. Ces pensées lui avaient coupé l'appétit.

Il s'inquiétait pour Wesley. De plus, sa voix intérieure lui suggérait la prudence ! Il décida d'en tenir compte.

Après vingt-quatre heures de vol, l'avion atterrit à bon port. Le garçon ralluma son smartphone. Il avait reçu un message étrange.

Salut John, c'est bien calme.

J'espère que nous nous reverrons bientôt.

Pablo

En lisant le texto, John sentit comme une boule dans sa gorge. Que signifiait ce message ? Tous les Animal Heroes n'avaient-ils pas prévu de se retrouver au quartier général ? John devait éclaircir la question de toute urgence. Il mit un bon moment avant de trouver ce qu'il cherchait : un téléphone à pièces.

Il doutait désormais de la fiabilité de son portable. Après avoir fait de la monnaie en euros avec un billet, il glissa une pièce dans la fente et composa un numéro secret qu'il connaissait par cœur.

Pablo décrocha aussitôt.

— Salut, Aiguillon des mers ! lança-t-il joyeusement. Où es-tu ? Je t'ai écrit un message il y a dix heures. Pourquoi n'as-tu pas répondu ?

John était de plus en plus mal à l'aise.

— Es-tu convoqué chez Cliff ce soir ? demanda-t-il.

Le garçon put percevoir l'étonnement de Pablo malgré son silence.

— Non, répondit Pablo, déconcerté, au bout de quelques secondes. Si c'était le cas, tu le saurais !

John était abasourdi. Si Pablo n'était pas au courant de la rencontre, le message qu'il avait reçu n'avait pas été envoyé par Cliff.

Cliff ne rencontrait jamais un Animal Hero seul sans en avertir les autres.

« Ce qui concerne l'un d'entre vous vous concerne tous », disait-il toujours.

Cela ne pouvait signifier qu'une chose : quelqu'un avait piraté son smartphone ! Et il n'était pas difficile de savoir qui était cette personne. Ce ne pouvait être que Mister Yashimoto. En travaillant pour les services secrets japonais, il avait appris toutes les astuces pour faire ce genre d'action.

— Mon smartphone est sur écoute ! s'exclama John. Ne me pose plus de questions. Cette cabine téléphonique est encore fiable, mais Yashimoto ne va pas tarder à la pirater. Les Beast Boys me suivent et m'espionnent certainement. Écoute bien ce que je vais te dire !

John demanda à Pablo de prendre contact avec Mojo, Aiko et Cliff en utilisant une ligne sécurisée. L'affaire était suffisamment grave pour les convoquer tous. Ils avaient besoin des pouvoirs de tous les Animal Heroes.

Cliff devait aller chercher les trois autres et prendre la direction des opérations.

John raccrocha, puis décrocha une nouvelle fois le combiné et composa par précaution un numéro au hasard. Ainsi personne ne pourrait connaître le numéro de Pablo en tapant sur la touche bis. Puis, il réfléchit. Soudain, les signes qu'il avait perçus les heures précédentes prirent tout leur sens. Le corbeau qui volait près du rocher était Corvus, l'animal de Liam. Le requin, Rialto, était réellement à la poursuite de Wesley. John comprenait aussi pourquoi le prétendu Cliff lui avait demandé de prendre un vol passager classique. Comme le message ne venait pas de son mentor, celui-ci pouvait difficilement venir le chercher en HeroSpeeder.

—Suis-je bête! s'exclama John. Comment ai-je pu me laisser berner?

Heureusement, il n'avait donné aux Beast Boys aucun indice sur la localisation du quartier général. Le détour par Lisbonne avait été une manœuvre géniale.

Il pouvait donc se fier à ses intuitions.

Cinq minutes plus tard, John composa à nouveau le numéro secret. Mais cette fois d'une autre cabine. Il ne voulait pas donner d'indices à Mister Yashimoto.

Le garçon avait échafaudé un plan dont il fit part à Pablo.

— Ils sont à ma poursuite, chuchota-t-il dans le combiné.

Il parlait en riant comme s'il racontait ses vacances à un ami.

— Je brouille ma piste. Venez me chercher à Lagos, au Portugal.

Pablo acquiesça à l'autre bout du fil.

— Lagos, Portugal, fit-il avant de prononcer la devise des Animal Heroes : Un pour tous, tous pour un !

John entendit un grésillement. Pablo avait raccroché. En toute hâte, l'Australien composa à nouveau un numéro au hasard.

À partir de ce moment, John se comporta avec une ostentation feinte. Il traversa l'aéroport plusieurs fois de long en large. Il finit par héler un taxi juste pour demander au chauffeur de lui indiquer un stand de frites. L'homme en colère l'invectiva. John jeta un œil sur les autres taxis, mais aucun d'eux n'avait fait monter un groupe de garçons pour le suivre. Les Beast Boys n'étaient pas des débutants. Ce n'était pas son cas non plus.

Il se dirigea alors vers un arrêt de bus et acheta un billet pour Lagos. Pendant que le chauffeur chargeait les bagages des autres passagers, John chercha sur Internet des informations sur cette ville, dont il avait lu le nom pour la première fois à l'aéroport sur une affiche publicitaire.

Malgré ses petites dimensions, Lagos avait joué un rôle notable dans l'histoire du Portugal, ainsi que John le découvrit rapidement.

Située sur la côte, Lagos avait été au Moyen Âge un port important. La deuxième plus grande ville d'Afrique, Lagos au Nigeria, avait reçu le nom de ce port portugais parce qu'elle était le point de départ du transport des esclaves vers le Portugal.

John ne dormit pas et garda les yeux ouverts pendant tout le trajet. Il devait faire croire aux Beast Boys que le quartier général de Cliff se trouvait à Lagos. Il se doutait qu'il les y retrouverait bientôt tous les quatre.

Le garçon prit contact avec Wesley par la pensée.

Changement de programme, mon ami, murmura-t-il en lui-même. *Rejoins-moi sur la côte Atlantique à proximité de Lagos. Mais prends soin de toi. Tu as Rialto sur les talons.*

Le garçon s'amusa en pensant que les raies n'ont pas de talons.

Il sentit que Wesley avait reçu et compris le message.

Pendant le trajet, John constata que son niveau d'énergie ne cessait d'augmenter. C'était comme si ses muscles se gonflaient afin d'être suffisamment puissants pour le combat avec les Beast Boys.

Espérons que les autres soient à l'heure, pensa-t-il quand il descendit du bus au centre de Lagos.

Il regarda l'heure sur son smartphone. Il était 19 h 12. Yashimoto n'avait sûrement pas manipulé le temps.

Sans hésiter, John parcourut le chemin jusqu'à la mer, ainsi qu'il l'avait prévu. Après une marche rapide de deux kilomètres, il arriva devant le Ponta da Piedade, un phare situé sur la falaise. Ce phare avait un aspect assez inhabituel. S'élevant sur un étage, la bâtisse était carrée. Au milieu se dressait une petite tour, carrée elle aussi. Un toit rond et rouge abritait le gros projecteur qui avertissait les marins de la présence de l'éperon rocheux. Le vent du soir soufflait dans les branches de trois palmiers au tronc sec. John fut aussitôt convaincu que le phare ferait parfaitement office de quartier général. Les Beast Boys tomberaient facilement dans le panneau.

Encore trois minutes avant le rendez-vous de 20 heures. John regarda la côte escarpée. En contrebas, il pouvait distinguer une multitude de grottes et une plage déserte. Des formations rocheuses surplombaient la mer, des chemins étroits serpentaient à travers la roche et le sable. À certains endroits, des panneaux représentant une tête de mort mettaient en garde contre le risque de chute. Un lieu rêvé pour les Animal Heroes. En espérant que les autres seraient à l'heure...

À 20 heures pétantes, John grimpa les marches menant au phare et frappa à la porte. Trois coups longs, un coup bref, suivi d'un autre coup long et de trois coups brefs. Le garçon s'efforça de ne pas sourire, car il venait juste d'inventer ce prétendu code secret.

Au même moment, Corvus, le corbeau de Liam, surgit de nulle part et John reconnut trop tard ce qu'il tenait dans le bec. L'oiseau laissa choir au-dessus du garçon une masse noire qui s'abattit sur lui. Avant de pouvoir réagir, John ressentit une douleur aiguë. Dressé sur son épaule, Ignatius, le scorpion de Phil, retira d'un coup sec le dard venimeux qu'il venait de lui planter dans le cou.

4

LE VENIN
DU SCORPION

JOHN S'EFFONDRA. CHACUN DE SES battements de cœur propulsait dans ses veines le venin de l'aiguillon d'Ignatius. Le poison se répandait dans son corps. Avant que le scorpion ne le pique une seconde fois, le garçon l'attrapa et le projeta loin devant lui.

Prêt à défaillir, il entendit les croassements de frayeur de Corvus. Épuisé comme s'il avait couru un marathon, le garçon tenta vainement de se ressaisir. Le venin paralysait ses membres. Il devenait une proie facile pour ses ennemis.

John s'adossa contre la porte du phare. Il aurait pu se flanquer des gifles tant il était furieux de s'être laissé piéger comme un débutant! Dans le plan qu'il avait échafaudé, il avait pensé aux Beast Boys mais pas à leurs animaux. Il s'en mordait les doigts.

— Regarde de quoi tu as l'air, Animal Hero, ou plutôt Animal *Zéro*!

John leva les yeux. Liam, qui s'était proclamé chef des Beast Boys, se tenait devant lui. Il portait comme toujours des lunettes de soleil, un bonnet de laine, de grandes bottes et surtout son manteau effiloché. Il ressemblait à un mort-vivant tout droit sorti de sa tombe. Pour parachever le tableau, Corvus vint se poser sur son épaule en croassant.

La moindre inspiration faisait souffrir John. Le venin se répandait dans ses poumons. Il voulut répondre au propos méprisant de Liam, mais il se ravisa. Ce sale type avait raison : il était complètement nul.

Liam avait douze ans. C'était le plus âgé des garçons-animaux. Il était perfide et sournois mais, comme tous les chefs, il aimait laisser les autres faire le sale boulot à sa place.

—Aurais-tu changé d'animal? se moqua Cooper. Tu rampes sur le sol comme Morelia, mon serpent.

Il caressa son python, qu'il portait enroulé autour de son cou comme une écharpe.

—Tu ne me ferais pas d'infidélités, hein, Morelia!

Cooper était un garçon extrêmement antipathique. Il prenait un malin plaisir à humilier les autres en public. Un peu plus loin, Phil, qui était à la recherche d'Ignatius, son scorpion, déchirait son beau costume en fouillant dans les buissons.

Il manquait encore Tommaso. Celui-ci passa si près de John qu'il lui donna un coup de pied dans la jambe.

De façon tout à fait volontaire, bien sûr. Tommaso était cinq fois plus vigoureux que les garçons de son âge, même sans ses pouvoirs de super-héros. Ses yeux ressemblaient de plus en plus à ceux de Rialto, son requin. Il avait l'air d'un criminel tout droit sorti d'un film de gangsters.

— Oups! lança-t-il en baissant les yeux. Oh, il y a quelqu'un. Je pensais que c'était un vieux tapis que le gardien de phare voulait mettre à la poubelle.

Les trois autres Beast Boys éclatèrent de rire, comme si Tommaso avait fait la meilleure blague de l'année.

John ne riait pas. Il tentait de toutes ses forces de prendre contact avec Wesley. Mais le venin du scorpion semblait l'empêcher de communiquer avec sa raie à distance.

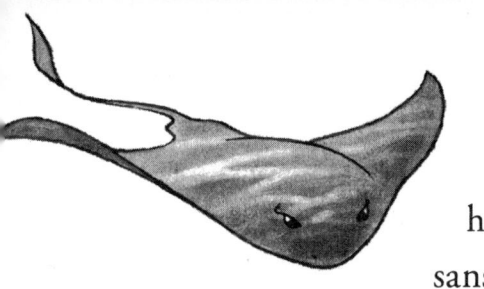

Viens me chercher !
hurlait John en pensée,
sans parvenir à savoir si
son message avait été reçu.

Soudain, il sentit deux grosses mains
l'empoigner et le secouer comme un prunier.

—Écoute bien, espèce de clown ! lui hurla
Tommaso dans la figure. Je vais enfoncer la
porte qui est derrière toi. Si le quartier général
et la sculpture de serpent ne s'y trouvent pas,
je te transformerai en punching-ball. « Poum,
poum, poum », jusqu'à ce que tu craches le
morceau !

Près de lui, Cooper boxait dans le vide.
Il avait une posture ridicule. John gémit.

—C'est ta dernière chance, tête de
boomerang ! ajouta Liam. La cachette de Cliff
Hanger est-elle ici ?

John fit la grimace. Tête de boomerang !
Tout ça parce qu'il était australien.

Il avait connu Liam avec plus d'humour !

John n'avait toujours aucun signe de vie de ses amis. Yashimoto les aurait-il piégés quelque part ?

— Oui, il n'y a pas de doute là-dessus. C'est bien sa cachette, grommela John. Mais visiblement, il n'est pas là. Il n'était pas au courant de notre rendez-vous.

Tommaso reposa John sur la marche. Soudain, les Beast Boys se mirent à parler tous en même temps. Il ne leur était pas venu à l'idée que Cliff n'était pas informé. Liam invectivait Cooper, qui s'en prenait à son tour à Phil, lequel se retournait vers Tommaso.

John savait qu'il avait une toute petite chance de s'en sortir, et qu'il devait la saisir. Sans bouger le corps, il parvint à serrer le poing, puis il contracta les muscles de sa cuisse. Le phare était à quelques pas de la falaise. John devait tenter le tout pour le tout. S'il atteignait la mer, Wesley pourrait le protéger jusqu'à l'arrivée de ses amis.

Il lui fallait absolument un antidote. Sinon il ne reverrait peut-être jamais ses parents…

—C'était une idée à la con! gronda Phil. Nous sommes devant le quartier général, et leur soi-disant chef n'est pas là.

Fou de rage, Tommaso donna un violent coup d'épaule contre la porte, mais elle ne céda pas d'un pouce. Des touristes avaient sans doute essayé de la forcer avant lui. La tour était parfaitement sécurisée.

—Je n'arrive pas à entrer! grogna-t-il.

Liam le poussa sur le côté et s'attaqua à la poignée.

Pendant ce temps, John s'était éloigné peu à peu. L'exercice était plus difficile que l'escalade d'un rocher, car ses muscles étaient à moitié paralysés. Mais il n'avait pas le choix: il devait réussir.

Au milieu des querelles des Beast Boys, John bondit. En réalité, il voulut bondir, mais sa jambe paralysée ploya sous l'effort. Il fit quelques pas en avant, la tête penchée au-dessus des pavés qui s'étendaient devant le phare. Sans le vouloir, il donna un coup de tête à Phil, qui se mit à glapir comme un jeune chien.

John ne profita pas de sa petite vengeance. Il le ferait plus tard quand il serait hors de danger. Quand il fut à cinq mètres de la tour, il vit les Beast Boys réagir enfin.

—Ce cinglé veut se tirer! hurla Tommaso. Phil, ton scorpion est un incapable!

John voulut courir, mais son autre jambe le lâcha et il tomba à genoux. Il continua à ramper à quatre pattes.

Il s'attendait à tout moment à être rattrapé par Tommaso et Cooper.

Liam les employait volontiers pour frapper, ce qu'ils faisaient tous les deux avec un plaisir non dissimulé.

Mais avant de cogner sur leur victime, ils aimaient bien la torturer un peu.

Cooper et Tommaso rattrapèrent John. Ils se mirent à piétiner le sol à petits pas de manière à lui envoyer de la poussière plein les yeux.

—Où veux-tu aller comme ça? se moqua Cooper. Tu veux vraiment te faire mal? Devant toi, il y a une falaise. Et en bas, il n'y a que des pierres et du sable. Si tu tombes, tu vas faire mal à ta petite tête.

Tommaso se mit à rire méchamment.

—Une chute de cinquante mètres de haut t'arrangera sans doute la façade, tête de boomerang! railla-t-il.

John leur fit la faveur de ne pas s'avouer vaincu. Ces voyous pouvaient encore s'amuser un moment avec lui. Il finirait par en rire. Du moins l'espérait-il.

Puisant dans ses dernières forces, il se redressa une nouvelle fois. Les quatre scélérats s'étaient rassemblés autour de lui et l'encerclaient.

Peu à peu, le garçon parvint à s'approcher du bord de la falaise. Jusqu'à ce que Liam intervienne.

—Cessez vos idioties! cria-t-il.

—Si Cliff Hanger n'est pas ici, nous allons le faire venir. Prenez le smartphone de ce vermisseau. Nous avons le code. Utilisons-le à bon escient.

Cooper se frotta les mains.

—Si Morelia l'étouffe lentement, ce minable finira par nous dire où se trouve la sculpture de serpent. Nous en aurons fini une fois pour toutes avec ce ridicule Animal Zéro! lança-t-il en attrapant John sous les bras pour le remettre debout.

C'est exactement ce qu'espérait John. Il fit mine de ne plus contrôler ses jambes. Tel un homme ivre, il tituba sur le côté et tomba dans les bras de Cooper, en se rapprochant du bord de la falaise.

—Mauvaise direction! le railla Cooper en lui donnant un coup de genou dans la cuisse.

—Non, non, non…, protesta John. C'est la bonne direction!

Et il décocha un coup de coude dans le ventre de Cooper, qui le laissa aussitôt partir.

John avança en chancelant. Arrivé à la rambarde qui longeait la falaise tout autour du phare, il se pencha en avant et se laissa tomber par-dessus bord.

— *Voyez ce garçon-là, ce n'est pas John, c'est Aiguillon des mers,* murmura-t-il à moitié assommé.

Tout à coup, sa tenue de poisson apparut. John étendit les bras. Ses nageoires se gonflèrent de vent et une sensation de bonheur l'envahit. Quelle bonne idée d'avoir escaladé le rocher pour vaincre sa peur du vide. Sans cette tentative de l'avant-veille, il n'aurait jamais su que ses nageoires pouvaient le faire planer dans les airs en cas de besoin.

John cligna des yeux. Le sol se rapprochait. Ses nageoires lui permettaient de nager, mais pas de voler.

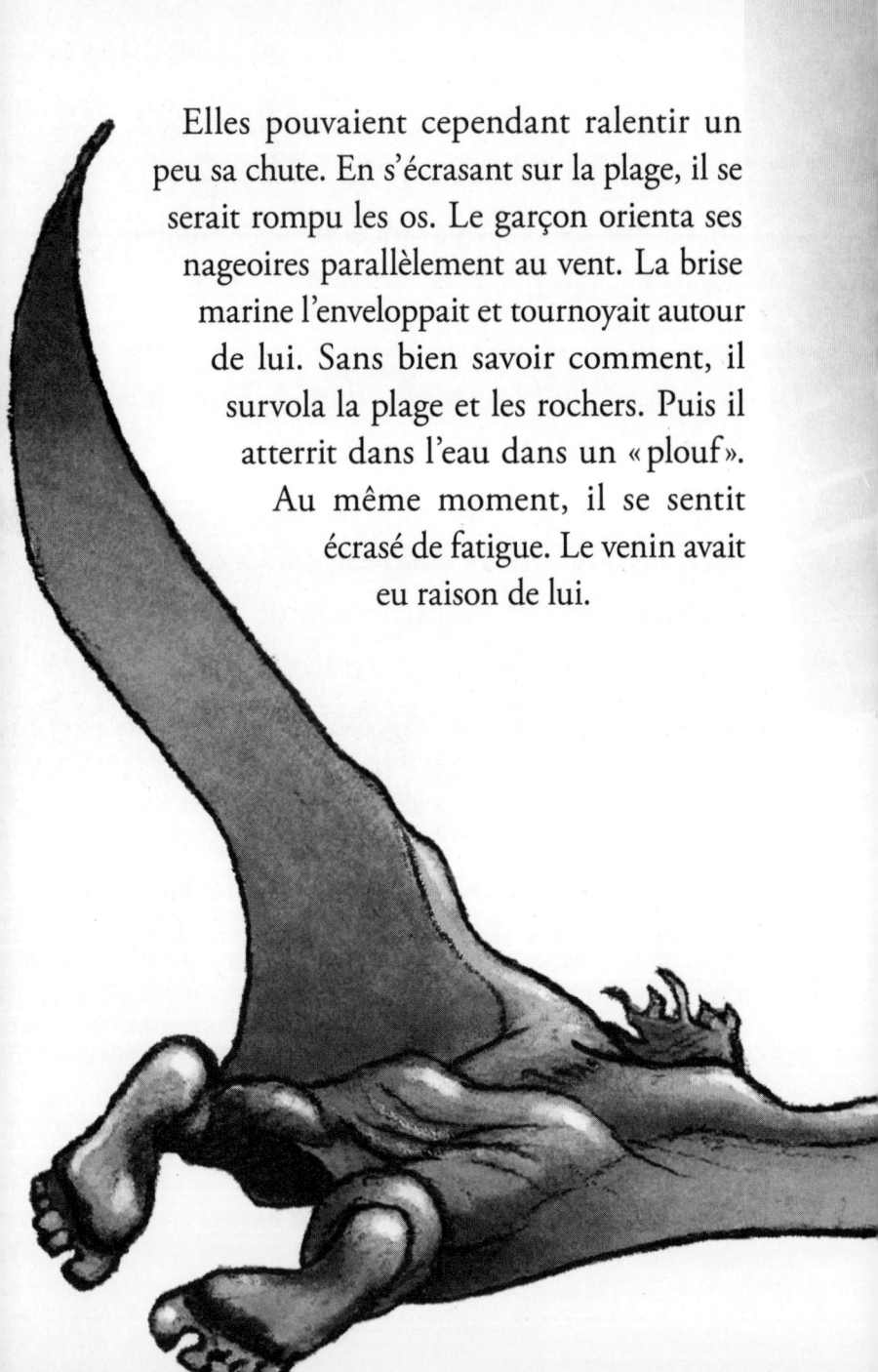

Elles pouvaient cependant ralentir un
peu sa chute. En s'écrasant sur la plage, il se
serait rompu les os. Le garçon orienta ses
nageoires parallèlement au vent. La brise
marine l'enveloppait et tournoyait autour
de lui. Sans bien savoir comment, il
survola la plage et les rochers. Puis il
atterrit dans l'eau dans un «plouf».
Au même moment, il se sentit
écrasé de fatigue. Le venin avait
eu raison de lui.

La dernière chose que vit John sur la côte, c'était les quatre Beast Boys qui le regardaient fixement, stupéfaits. Chacun d'eux avait les facultés d'un animal. Mais il ne leur était pas venu à l'esprit de les utiliser d'une manière différente.

John sombra. Pendant le vol, ses nageoires s'étaient desséchées et pendaient lamentablement autour de lui. Aujourd'hui, la mer n'était pas une consolation, car il était à bout de force.

5

Un sauvetage
IN EXTREMIS

—Wesley! gémit John.

L'eau salée affluait dans ses poumons.
Il semblait avoir perdu les facultés de sa raie.

—Wesley…, répéta-t-il en buvant la tasse.

Puis il sentit le sol marin sous
ses pieds. Il était sur le point
d'asphyxier.

Alors que son désespoir
était à son comble, John
sentit une créature molle le
pousser sur le côté. Il ouvrit péniblement les yeux.
C'était Wesley! La raie avait perçu l'urgence de
son appel.

Elle glissa sa tête plate sous le dos du garçon et le poussa vers le haut. Lentement, John remonta.

Wesley parvint à se glisser entièrement sous le corps de son ami. Comme installé sur un grand matelas mou, John remontait vers la surface. À peine sa tête émergea-t-elle de l'eau, qu'il aspira un grand bol d'air.

— Quelle aventure ! dit-il hors d'haleine. C'est un sauvetage *in extremis* ! Merci, mon ami !

Mais il était vidé de ses forces, ce qui, dans sa situation, était plus qu'inquiétant.

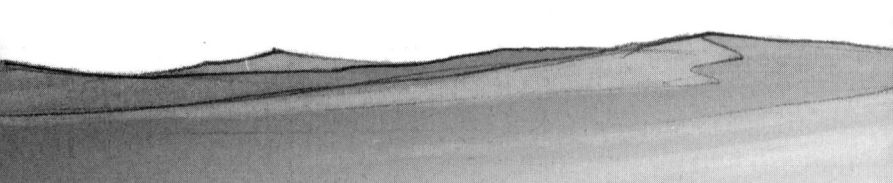

John tourna la tête vers le phare. Dans sa
tenue de requin, Tommaso descendait le long
de la falaise. Sa nageoire dorsale ne présageait
rien de bon.

—Rialto est ici, expliqua John à sa raie.
L'aurais-tu vu?

Wesley acquiesça dans un souffle.

—J'ai besoin d'un antidote, dit le garçon.
Emmène-moi dans un endroit où je pourrai me
reposer un peu.

John attrapa les nageoires de Wesley.
Comme un sauveteur professionnel, la raie
fendit l'eau. Même si elle nageait lentement,
John devait rassembler toutes ses forces pour ne
pas la lâcher. Wesley se dirigea vers un rocher
qui ressemblait à un énorme éléphant.

—Attention! fit John.

Mais Wesley ne ralentit pas.

—Attention!!! hurla le garçon.

Le rocher était à trois mètres devant eux. Les vagues se brisaient contre le récif en formant de l'écume. Un peu plus haut gisaient les planches d'un bateau qui s'était écrasé. Ils allaient vers une mort certaine.

Cependant, Wesley, imperturbable, glissait sur la mer agitée, comme s'il n'était pas conscient du danger.

John était sûr qu'il allait être projeté contre la paroi rocheuse quand, soudain, Wesley plongea à pic dans la mer. John garda les yeux ouverts, mais ne put rien voir dans l'eau trouble. Il sentit alors que la raie changeait de direction. Elle poursuivit un bref instant sa route au fond de l'eau avant de remonter. John fut propulsé à la surface.

Au lieu de s'écraser contre le récif, ils avaient pénétré à l'intérieur du rocher! Wesley avait emmené John dans une grotte cachée. Au-dessus d'eux, un toit de pierres irrégulières s'élevait à dix mètres de hauteur. Creusés dans la paroi, des tunnels naturels s'enfonçaient dans la roche. La moitié de la grotte était inondée, l'autre moitié avait le sol couvert de sable doré.

John se laissa porter par le mouvement des vagues jusqu'à la plage souterraine. Il enfonça ses mains dans le sable et se hissa peu à peu sur la terre ferme. Sa tenue de poisson disparut.

— Merci, Wesley! dit-il, en se raclant la gorge.

Sa raie lui avait sauvé la vie.

John était allongé dans la grotte et se sentait aussi démuni qu'un petit enfant. Il y a peu de temps, il aurait appelé sa mère. Mais depuis sa première rencontre avec Wesley, les choses avaient changé.

Il n'était plus le petit garçon qui avait besoin d'aide. John était un héros et se comportait comme tel. Les doigts raides, il sortit son smartphone de sa poche. Son téléphone était étanche et incassable. John redoutait que les Beast Boys ne connaissent pas seulement son numéro, mais qu'ils puissent aussi prendre connaissance de ses messages et de ses appels – et peut-être même les écouter –, ou encore le localiser. Mais il n'avait pas le choix. Il devait faire savoir aux Animal Heroes où il se trouvait.

Je suis en lieu sûr au large du phare. Wesley vous montrera le chemin. Prenez garde à vous : Rialto et Tommaso sont aussi dans l'eau.

Puis il éteignit son portable, au cas où les Beast Boys auraient tenté de le localiser. Il ne voulait pas leur faciliter la tâche.

Le garçon fit un signe de tête que Wesley comprit tout de suite. La raie plongea à nouveau dans l'eau pour faire en sens inverse le chemin qu'ils avaient parcouru.

John était seul désormais. Étendu sur le
sable humide, il grelottait. Dans la grotte, il
faisait presque nuit noire. Le bois flottant qui
lui aurait permis de faire du feu était à portée
de main, et pourtant inaccessible pour John,
qui ne s'était jamais senti aussi faible. Sans son
ami, il aurait perdu connaissance
pendant plusieurs heures. Que
serait-il devenu ?

Dans un effort ultime,
il roula sur le côté. Ses
pensées le ramenèrent
au jour où il avait
rencontré Wesley.
John était au bord de la mer avec ses parents.
Comme toujours, ils lui avaient répété cent fois
d'être attentif aux panneaux qui interdisaient la
baignade à cause des requins. Il se sentit donc très
mal quand il vit ce grand poisson se diriger vers
lui.

Ce n'était pas un requin mais une raie.

Très confiante, la raie donna plusieurs bourrades à John sous l'eau. D'un coup, la peur du garçon se dissipa et il sentit une force irrépressible affluer dans ses veines. Il parvint même à plonger longtemps. En remontant à la surface, il constata qu'il était resté au moins deux minutes sous l'eau sans reprendre sa respiration.

Était-ce dû au hasard ? Certainement pas.

John était suffisamment courageux pour se lancer. Il démarra le chronomètre de sa montre étanche et plongea une nouvelle fois. Comme deux jeunes chiens, le garçon et la raie batifolèrent dans la mer. Quand John reprit son souffle, plus de sept minutes s'étaient écoulées. En même temps, il sut d'instinct le nom de cet animal extraordinaire.

— Tu t'appelles Wesley ? demanda-t-il sous l'eau.

En signe d'acquiescement, la raie fit un looping. John ne s'était pas trompé. Il s'amusa longtemps encore avec le poisson et ne regagna la plage que lorsque ses parents l'appelèrent. À regret, il dut rentrer avec eux à la maison. Le lendemain, il tourna comme un lion en cage jusqu'à ce que son père le ramène au même endroit sur la plage. À la grande surprise de John, Wesley l'attendait.

Le surlendemain, le HeroSpeeder piloté par Cliff Hanger avait atterri dans un champ à proximité de l'école de John. Cliff lui avait parlé des Beast Boys et de son souhait de créer à son tour un groupe de garçons différents des autres : les Animal Heroes. Après l'école, John avait suivi Cliff à Barcelone où il s'était lié à Wesley lors d'une cérémonie magique. Depuis, il avait en lui les facultés de sa raie qu'il apprenait à maîtriser en s'entraînant.

John tenta de tourner la tête vers l'eau. Où étaient donc les autres? Depuis combien de temps la raie était-elle partie? Le garçon n'avait plus aucune notion du temps.

Wesley revint enfin. Et il n'était pas seul. John n'en crut pas ses oreilles quand il entendit les voix d'Aiko, de Pablo et de Mojo. Il tourna une nouvelle fois la tête. Les trois Animal Heroes étaient là. Dante, le guépard de Mojo, était en train de s'ébrouer, Nelson, le gecko d'Aiko, se faufilait dans le sable et Horus, le faucon de Pablo, était allé se percher sur une pierre. Tous avaient dû nager un bon moment avant de retrouver John. Mais cela ne les avait pas empêchés d'être au rendez-vous.

— Qu'est-ce qui t'arrive, mon ami ? demanda Mojo.

Il s'agenouilla dans le sable, près de John, et lui prit la main.

— Salut..., chuchota John, avant de raconter brièvement ce qui s'était passé ces dernières heures.

— Du venin de scorpion ? murmura Pablo. Tu dois consulter un médecin.

Campé sur ses jambes, Aiko secoua la tête.

— Impossible, dit-il froidement. Les Beast Boys sont à nos trousses. Liam est dans les airs, Tommaso dans l'eau et les deux autres sont en train de nous pister sur la plage. Si nous quittons la grotte, ils nous auront.

Pablo souffla bruyamment.

— Que faire maintenant ? soupira-t-il.

Mojo sourit.

— Notre seul recours, c'est la médecine africaine.

Il prit une pochette dissimulée dans sa ceinture et en sortit deux herbes différentes.

—Épargne-moi ta médecine vaudoue, gémit John. Je veux vivre ! Je ne veux pas mourir !

—Tu vivras, mon ami, si tu promets désormais de me vénérer comme un dieu, répondit Mojo, avec un sourire malicieux.

John se détourna.

—Oublie ça, grommela-t-il. Je préfère encore mourir.

Mais il accepta de se mettre sur le côté, permettant à Mojo d'examiner la piqûre qu'il avait dans le cou.

—Ce n'est pas joli, annonça Mojo. Cette bestiole t'a sérieusement piqué.

John leva les yeux au ciel.

—Ça t'étonne ? Tu crois que je joue la comédie ?

Mojo ne répondit rien. Il arracha les feuilles humides et les mit dans sa bouche. Puis il les mâcha comme s'il dégustait un mets raffiné.

Peu après, il s'approcha de John et recracha quelques gouttes du mélange.

Du bout des doigts, il massa la plaie avec son remède.

John eut l'impression qu'on lui enfonçait des épingles dans la chair. Pendant un instant, il ressentit une douleur intense, puis plus rien. L'antidote commençait à agir.

Un quart d'heure plus tard, le garçon parvint à se redresser. Pendant ce temps, Aiko avait empilé des branchages et Pablo allumait le feu.

S'appuyant sur Mojo, John s'approcha des flammes et s'assit. Il étendit ses mains tremblantes. La chaleur lui faisait un bien fou! Il scruta longuement le feu. Vingt minutes plus tard, il sentait à nouveau ses bras et ses jambes, et pouvait parler sans difficulté.

—Mojo, viens près de moi, dit-il.

Quand Mojo s'assit près de lui, John le prit par l'épaule.

—Merci, mon ami! dit-il soulagé. Alors, comment se comporte-t-on avec un dieu?

Mojo éclata de rire.

—Appelle-moi grand maître, ça suffira, se moqua-t-il.

John ne put s'empêcher de rire.

—Comment connais-tu tout ça? s'enquit Pablo.

Mojo referma sa pochette.

—Mon grand-père était guérisseur chez nous, au village, dit-il fièrement. J'ai appris de lui tout ce que je sais. Il y a une herbe pour traiter chaque douleur, disait-il toujours. C'est vrai. La nature les met à notre portée.

Aiko remit une branche sur le feu.

—Pour moi, tout ça, c'est du charlatanisme, grommela-t-il. Passons aux choses sérieuses: comment faire pour sortir d'ici?

John se leva. Ses jambes lui obéirent comme elles l'avaient toujours fait. Il se sentait merveilleusement bien et complètement maître de lui.

—Nous devrions attendre la nuit, suggéra-t-il. Ensuite, Wesley pourra nous sortir de là.

Dante leva
la tête. Le gué-
pard n'avait
visiblement aucune
envie de se retrouver
dans l'eau.

—Le plus important serait que les Beast
Boys ne parviennent pas à nous localiser,
constata John. La confrontation directe avec
eux ne doit avoir lieu qu'en ultime recours.
Si nous pouvions l'éviter aujourd'hui, ça m'irait
bien. J'espère qu'ils tâtonnent dans le noir.

Perdu dans ses pensées, il se passa la main
sur le ventre. Une douleur le traversa. Soulevant
sa chemise, il se palpa la poitrine. Quand
il regarda sa main, elle était rouge de sang.
Aussitôt, il se remémora la chute qu'il avait faite
en escaladant le rocher. Il s'était éraflé le torse
et sa blessure s'était rouverte quand il avait
sauté du haut de la falaise. Elle ne saignait pas
beaucoup, mais qu'importe.

Les requins pouvaient sentir les gouttes de sang sur de longues distances. Et le sang les rendait particulièrement agressifs.

—Changement de programme, fit John. Les Beast Boys peuvent surgir à tout moment. Mon sang a permis à Rialto de nous pister. Nous devons nous enfoncer dans la grotte.

6

COURSE-POURSUITE
SOUS LA TERRE

AIKO RÉAGIT LE PREMIER. IL PRIT SUR LE feu une branche à moitié consumée en guise de torche et la tendit à Pablo. Il en donna une à Mojo et une autre à John. Puis il en choisit une pour lui avant de recouvrir la braise de sable. Le feu s'éteignit dans un grésillement.

De la fumée s'en échappa. Le garçon se pencha pour attraper Nelson. Dans un couinement, le gecko disparut dans le col de son pull-over.

Horus étendit les ailes et voleta derrière les garçons. Dante faisait des bonds.

Quatre tunnels partaient de la grotte.

—Postez-vous chacun à l'entrée d'une galerie, ordonna Aiko. Frottez-vous contre la roche pour tromper Morelia.

Pablo le regarda, surpris.

—Avec leur langue, les serpents peuvent sentir les odeurs qui flottent dans l'air, expliqua Aiko, comme si c'était évident pour tout le monde. Cooper demandera certainement à Morelia de leur indiquer le tunnel qu'ils doivent prendre. Nous devons les induire en erreur.

Pablo acquiesça. L'explication lui avait paru claire.

Les garçons se dirigèrent chacun vers l'entrée d'un tunnel tout en se frottant contre les rochers.

—Quel tunnel allons-nous prendre ? demanda John.

Pablo intervint.

—Laissons Horus décider !

Sans attendre l'accord des autres, Horus s'envola. Il revint du premier tunnel au bout de quelques secondes. Visiblement, cet accès ne devait pas mener bien loin. Il resta plus longtemps dans le deuxième tunnel, mais réapparut peu après.

En sortant du troisième tunnel, il poussa des cris de satisfaction.

—C'est celui-ci qu'il faut prendre! s'exclama Pablo.

Aiko acquiesça.

—Quel que soit l'endroit où il veut nous emmener, ce sera toujours mieux que de rester ici, conclut-il en se dirigeant vers le tunnel.

Avant de disparaître dans la galerie étroite, John se retourna. Wesley sortait la tête de l'eau.

—Prends soin de toi, lui dit le garçon.

Wesley fit claquer ses nageoires à la surface de l'eau, comme pour répondre à John: «Toi aussi!»

Aiko avançait en tête. Mojo et Pablo lui emboîtaient le pas. Mais John avait encore du mal à marcher. Son corps luttait toujours contre les effets secondaires du venin.

Le tunnel était assez haut pour que les garçons puissent se tenir debout. Un adulte aurait été contraint de se baisser.

John tendit les bras : il pouvait toucher les parois de chaque côté. Il pensa qu'aucun être humain n'était encore passé par là.

Malgré son état de malaise, le garçon était admiratif devant l'œuvre de la nature. Au cours de milliers d'années, l'eau s'était engouffrée dans la roche.

Elle avait creusé tout un dédale de grottes et de galeries. Les accès et les ramifications surgissaient de l'obscurité. Chaque fois, les garçons devaient décider de l'orientation à prendre et Horus leur était d'une aide précieuse. Le faucon partait en avant et leur indiquait la voie à suivre par des cris et des battements d'ailes.

Au bout d'une heure, John avait complètement perdu le sens de l'orientation. Il avait l'impression de tourner en rond depuis longtemps. De plus, sa torche était presque entièrement consumée. Mais Pablo faisait confiance à Horus. Finalement, les garçons et leurs animaux arrivèrent dans une grotte de vingt mètres sur vingt ne débouchant que sur deux tunnels. Il y faisait beaucoup plus chaud.

— Passons la nuit ici, suggéra John, épuisé. Si nous ne nous sommes pas trompés, les Beast Boys ne nous trouveront jamais dans ce labyrinthe. Et dormir nous ferait du bien à tous.

Aiko parut réfléchir un moment et finit par acquiescer.

—Bien, fit-il. Horus et Dante vont monter la garde. Les autres pourront dormir.

Il s'accroupit en s'adossant contre la paroi rocheuse.

—Pourquoi Horus et Dante? demanda Mojo. Et pourquoi pas Nelson?

—C'est comme ça, répondit Aiko avec un haussement d'épaules.

—J'ai une autre idée, dit Pablo. Nelson et toi, vous monterez la garde pendant que Dante et Horus iront explorer les tunnels. Ça nous permettra de filer au petit matin.

Aiko se tut. Il regarda John, espérant son soutien, puis il se ravisa subitement.

—John n'a pas son mot à dire, fit-il d'un ton cassant. Son animal ne nous a pas suivis.

John sentit la colère monter en lui. Pourquoi Aiko était-il ainsi? Il se comportait toujours comme s'il était le meilleur et donnait l'impression aux trois autres d'être des boulets.

—Wesley en a assez fait pour aujourd'hui, répondit-il en prenant la défense de sa raie. Il m'a sauvé la vie et vous a conduits jusqu'ici.

Aiko eut un rire amer.

—D'accord, mais c'est parce que tu t'es fait piéger comme un débutant, gronda-t-il. «Viens directement au quartier général» – n'importe qui aurait compris que c'était un coup monté.

John se jeta sur Aiko. Ce garçon parvenait toujours à lui pourrir la vie.

—Répète ça et je te démolis! hurla-t-il. Tu vas voir! Je vais t'en coller une!

Aiko leva les mains pour se défendre. Les deux garçons s'empoignèrent et roulèrent dans le sable. John décochait des coups de poing, mais Aiko les esquivait tous. Au Japon, il pratiquait un sport de combat qui lui apprenait à se protéger des agressions.

—Arrêtez! siffla Mojo. Vous allez nous attirer des ennuis!

Son ton était si dur que John et Aiko obéirent sur-le-champ.

—Espèce d'idiot! grommela John en lançant un coup de coude dans les côtes d'Aiko.

Le Japonais répondit par un coup de pied dans le mollet de John.

—Un pour tous, tous pour un – c'est notre devise. L'auriez-vous oublié? gronda Mojo.

John fut frappé par son regard sévère.

—Si nous nous disputons, les Beast Boys auront le dessus, ajouta Pablo. Nous devons rester soudés pour être forts.

Mojo lui tapa sur l'épaule.

—Voilà qui est bien dit, mon ami.

Puis il se tourna vers Aiko et John.

—Alors, vous faites la paix?

John inspira profondément avant de tendre la main à Aiko.

Aiko la prit en signe d'acquiescement.

—Faisons la paix, dit-il. Nelson et moi allons monter la garde les premiers. Nous surveillerons chacun une entrée de la grotte. Dante et Horus chercheront la voie à suivre.

Il sourit.

— Mais pour ce soit équitable, Pablo et Mojo devront prendre le relais.

Pablo sourit lui aussi.

— Aujourd'hui, John sera de repos, dit-il. Il doit reprendre des forces en passant une bonne nuit. C'est le meilleur remède qui soit et ça, je le sais sans avoir de guérisseur dans ma famille.

Faisant mine d'être vexé, Mojo lui donna une bourrade.

— Je ne te tirerai pas d'affaire si un écureuil te mord. Te voici averti, répondit-il.

Les deux garçons éclatèrent de rire. *C'est toute la différence avec Aiko*, pensa John. *Nous au moins, nous comprenons les blagues. Chacun s'amuse des plaisanteries des autres, tandis qu'Aiko prend tout au sérieux. C'est peut-être dû à sa culture asiatique. En Australie, les gens sont toujours détendus.*

À cet instant, il eut une pensée pour son père…

Puis il s'étendit contre la paroi rocheuse et rabattit son chapeau sur son visage.

Sous ses paupières mi-closes, il vit le guépard et le faucon se lancer dans l'exploration des deux galeries. Il s'endormit enfin.

 Quelques heures plus tard, John se réveilla avec des gargouillis dans le ventre. Il pensa d'abord au venin du scorpion. La grotte était calme. Soudain, il entendit des voix. Ce n'était pas celles d'Aiko, de Pablo ou de Mojo, non. C'était celles de Liam et de Cooper.

— Ton serpent a dû se tromper, sifflait Liam. Nous tournons en rond depuis une éternité. Les Animal Zéros sont déjà loin.

— Morelia est totalement fiable, grommela Cooper. Tu n'as qu'à flairer la piste si tu veux. Mais autant que je sache, les corbeaux n'ont pas un odorat exceptionnel.

John ajusta son chapeau. Les Beast Boys n'avaient pas encore atteint la grotte, mais ils ne devaient plus être loin.

Leurs voix résonnaient jusqu'à lui. Pourquoi les autres n'avaient-ils pas donné l'alerte ? Aiko était adossé contre l'entrée d'un des deux tunnels, les yeux fermés. Était-il en train de méditer ? Ou bien était-il endormi ?

Aussi discrètement que possible, John se dirigea vers son compagnon. Une torche unique avec une flamme minuscule éclairait la grotte.

—Aiko ! chuchota John. Réveille-toi, ils arrivent !

Aiko sursauta. Sans tenter de se justifier, il se précipita vers Mojo et Pablo, qui étaient étendus sur le sol à quelques mètres de lui. John prit Mojo par l'épaule. Aiko réveilla Pablo en mettant un doigt devant la bouche.

—Les Beast Boys sont là, murmura John. Aiko les a entendus.

Il jeta un regard entendu à Aiko. Le Japonais comprit que son ami ne le trahirait pas.

Mojo et Pablo sautèrent sur leurs pieds. Pablo enfonça la torche dans le sable. L'obscurité totale se fit dans la grotte.

Ayant la vue perçante d'un faucon, Pablo n'avait aucun mal à s'orienter dans le noir. Ce n'était pas le cas de ses compagnons.

—Prenez-vous la main, chuchota Pablo. Je passe devant. Occupez-vous chacun de votre animal.

John était le dernier de la chaîne. Il avançait à tâtons. Heureusement, il pouvait à nouveau se fier à son corps. Le venin d'Ignatius avait cessé d'agir.

Pablo guida ses amis dans le tunnel où Dante et Horus s'étaient engouffrés au début de la nuit. Liam et Cooper étaient à leurs trousses.

—Tout cela est absurde, gémit Liam. Reconnais au moins que ton python ne sait absolument pas où nous devons aller.

Devant une telle insolence, Cooper aurait frappé n'importe qui. Mais Liam avait visiblement tous les droits.

Cependant, Cooper n'était pas prêt à capituler.

— Fais-lui confiance, dit-il avec assurance. Il ne s'est jamais trompé.

John avait du mal à évaluer la distance qui séparait les Beast Boys de la grotte. Une chose était sûre : ils ne mettraient pas longtemps à la trouver. Et eux-mêmes n'avançaient que très péniblement. Il y en avait toujours un qui trébuchait. Plusieurs fois, Aiko lâcha la main de John pour pouvoir se rattraper.

Soudain, le Japonais s'arrêta net.

— Nelson, dit-il, effrayé. Je l'ai oublié dans la grotte !

Avant que l'un d'eux ne puisse le retenir, Aiko avait fait demi-tour.

John était très énervé. Ils perdaient désormais toute l'avance qu'ils avaient prise.

Au même moment, une voix résonna dans le tunnel.

—Qui tenons-nous là ? claironna Tommaso. Le garçon-gecko ! Les serpents adorent les geckos, n'est-ce pas Cooper ?

Aiko laissa échapper un cri de douleur.

7

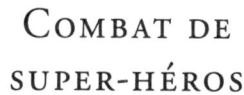

COMBAT DE
SUPER-HÉROS

LES ANIMAL HEROES N'EURENT PAS BESOIN
de se concerter. Ils savaient parfaitement ce
qu'il leur restait à faire. Si l'un d'eux était en
danger, il fallait agir.

John réagit le premier. Une fois accoutumé à
l'obscurité, il parvint à rejoindre rapidement la
grotte. Malgré leurs disputes fréquentes, il était
toujours prêt à aider Aiko.

Arrivé au bout du tunnel, il aperçut son ami.

Avec une grimace odieuse, Tommaso était
en train de l'étrangler. Aiko avait été capturé
si vite qu'il n'avait pas eu le temps d'avoir

recours à ses facultés de gecko. Liam, Cooper et Phil étaient eux aussi dans la grotte. Phil avait revêtu sa tenue de scorpion et Cooper un body scintillant de serpent. À cet instant, Liam étendit ses ailes de corbeau. Les Beast Boys étaient prêts à se battre. Le combat était inévitable.

Quand il se précipita sur les Beast Boys, John était complètement démuni. Dans la situation présente, il ne pouvait pas employer les facultés de sa raie et dut faire face à ses ennemis comme un garçon normal.

— Laissez Aiko tranquille ! hurla-t-il.

Tommaso se mit à rire.

Soudain, John entendit derrière lui un battement d'ailes. Pablo s'apprêtait à attaquer Liam. Dans un vol plongeant, il se jeta sur le garçon-corbeau. Un terrible combat se déroula alors au-dessus de la tête des Beast Boys.

Liam était fort et sournois, il ne respectait aucune règle et n'avait aucun sens de la loyauté. Pablo s'était beaucoup entraîné les semaines précédentes. John le savait et le résultat était visible. Ailes de faucon, le nom de héros de Pablo, lui allait comme un gant. Les pieds en avant, le garçon percuta Liam dans la poitrine. Celui-ci perdit l'équilibre, mais se rattrapa de justesse.

—Tu ferais mieux de disparaître, Liam ! hurla Pablo. Tu ne me vaincras jamais !

Liam rassembla ses forces et prit rapidement de la hauteur. John ne put en voir davantage, car Phil se posta devant lui. L'aiguillon fixé dans le dos du garçon était orienté vers John. Phil pouvait le contrôler par des mouvements très simples. À sa double extrémité, il était muni de capsules toxiques qui pouvaient injecter un poison paralysant, mais pas mortel.

—Ça ne te suffit pas ? Tu en redemandes, tête de boomerang ? lança Phil d'une voix forte en menaçant John avec son arme.

John parvint *in extremis* à faire un bond de côté. L'aiguillon frappa dans le vide.

—Il faut t'y prendre autrement pour pouvoir m'attraper! le railla John. Tu es trop lent. Prends donc exemple sur Ignatius. Mais tu es trop stupide et trop soucieux de ton look!

Furieux, Phil protesta. Mais John avait raison: les mouvements du garçon-scorpion n'étaient pas assez rapides. De plus, il visait John sans regarder autour de lui. Il ne remarqua pas que Mojo s'était approché. Dans un feulement, Dante le guépard bondit sur Phil en montrant les dents et lui planta ses griffes dans la nuque.

Phil hurla de douleur.

Il donnait des coups d'aiguillon au hasard, mais Mojo était déjà hors de portée et s'attaquait à Tommaso, qu'il projeta contre la roche. Celui-ci rebondit comme une balle en plastique. En mode super-héros, son corps était aussi élastique que celui d'un requin. Il s'en tira avec quelques contusions au niveau de la nageoire dorsale.

John se baissa pour éviter l'aiguillon de Phil. Il rejoignit Aiko qu'il aida à se remettre debout. Ayant manqué d'asphyxier, Aiko avait le visage cramoisi. Il inspira profondément à plusieurs reprises pour reprendre des forces, puis revêtit sa tenue de gecko. Juste à temps !

Avec des mouvements sinueux de reptile, Cooper se dirigeait droit sur Aiko et John pour s'enrouler autour d'eux comme un python afin de les étouffer.

Aiko grimpa le long de la paroi rocheuse. Son costume de gecko se fondait dans le décor. Arrivé à trois mètres de hauteur, il se laissa tomber comme une pierre sur Cooper et, à l'aide de ses ventouses, il lui comprima les yeux.

—Ôte tes sales pattes de là, vermine! hurla Cooper.

Mais Aiko tenait bon. Cooper tournait en rond en titubant comme un ours de cirque et boxait dans le vide.

Aiko éclata de rire.

John voulut rire aussi, mais Tommaso se jeta sur lui. Les deux garçons roulèrent sur le sol de pierre. Dans la mer, cette lutte aurait ressemblé à une danse, mais ici, dans la grotte, ils se battaient brutalement comme le faisaient les garçons depuis toujours. En mode super-héros, Tommaso pouvait utiliser les lames dont ses talons étaient armés.

Il essaya de repousser en arrière la tête de John, mais celui-ci se défendit en lui tordant le bras. Le garçon-requin chercha alors à le mordre. John l'en empêcha. Échappant à l'emprise de Tommaso, il lui décocha un coup de genou dans le dos. Mais il devait éviter ses lames. Jetant un bref coup d'œil en l'air, il vit Pablo et Liam qui s'étaient à nouveau empoignés. Les garçons-oiseaux étaient tous deux mal en point. Les plumes de Liam tourbillonnaient comme des flocons de neige à travers la grotte. Corvus, son corbeau, croassait mais, contre toute attente, il ne se mêla pas à la bataille.

John se concentra à nouveau. Il devait à tout prix se débarrasser de ce fichu garçon-requin.

Il lui décocha deux coups de coude dans le bras et un autre dans les côtes.

Tommaso suffoqua. Le souffle coupé, il roula sur le côté. John aurait pu lui régler son compte avec un coup de poing bien ciblé, mais frapper un adversaire au sol n'était pas digne d'un Animal Hero. C'était du niveau des Beast Boys.

John s'éloigna. Il aurait bien secouru Pablo, mais celui-ci se bagarrait avec Liam à dix mètres de hauteur.

—Vas-y, Ailes de faucon, envoie-le au tapis! cria John pour encourager son ami.

Se sentant soutenu, Pablo parvint à se libérer des griffes de Liam. Il plongea sous son ennemi, tournoya élégamment dans les airs et l'attaqua à nouveau en lui assenant un coup de genou dans les côtes. Liam gémit comme un jeune chien, mais il garda l'équilibre.

S'aidant de ses ailes, il enserra les pieds de Pablo et les tira vers lui. En réaction, Pablo l'assomma.

Cooper et Aiko luttaient avec acharnement, pendant que Phil faisait face à Mojo. Aussi rapide qu'un guépard, Mojo avait également la prudence  d'un prédateur. La moindre égratignure faite par l'aiguillon de Phil pouvait paralyser durablement une partie de son corps. Mojo ne voulait pas prendre ce risque. Plusieurs fois, il fit mine d'attaquer sans passer à l'action. Phil était fou de rage. Son arme était pointue et ultradangereuse, mais pour pouvoir l'employer, il fallait que sa cible ne soit pas à plus d'un mètre de lui.

Soudain, Mojo bondit en rugissant. Il attrapa Phil par les épaules et le fit tomber à la renverse. La tête du garçon-scorpion heurta le sol. Hors de lui, il gesticulait dans le vide comme s'il voulait attraper une mouche. Tout à coup, il roula sur le côté pour libérer son aiguillon. Mojo fut pris au dépourvu et la pointe de l'arme érafla sa jambe. Une seule goutte de sang coula, mais le venin avait pénétré sa peau.

— *Damned!* hurla Mojo.

John savait que Mojo était équipé d'un antidote caché dans sa ceinture. Mais pour y avoir accès, le garçon-guépard devait reprendre son apparence normale. Et les Beast Boys étaient naturellement à l'affût.

Cherchant à secourir Mojo, John fut terrassé par un coup de poing dans le dos.

Tommaso l'avait pris par surprise. Complètement abasourdi, John tomba à genoux et resta sur le carreau pendant plusieurs secondes. En retrouvant ses esprits, il sentit un nœud s'enrouler autour de son pied. D'un coup, il fut propulsé en l'air. Accroupi sur un rocher, Cooper l'avait attrapé et le balançait, la tête en bas.

Pour Tommaso, l'heure était venue de prendre sa revanche. Il tambourina contre le corps de John comme sur un punching-ball. John n'avait plus qu'une chose à faire : s'il s'élançait en arrière au bon moment pour s'éloigner de son adversaire, ses coups le percuteraient avec moins de violence.

— Maintenant, tu te sens fort, hein, Tommaso ? dit John en serrant les dents. Tout à l'heure, tu pleurais comme un bébé.

John s'en mordit les doigts, car le garçon s'acharna plus encore.

— Que dis-tu de ça, tête de boomerang ? fit Tommaso en ricanant. Je t'entends pleurnicher !

Puis il recula et brandit ses poings. John comprit aussitôt que le prochain coup le mettrait définitivement KO.

Tommaso s'agenouilla pour prendre plus d'élan encore. Son poing fendit l'air… et cogna dans le vide. John était étendu sur le sol, tandis que Tommaso, emporté par son élan, perdait l'équilibre. Il fallut quelques secondes à John pour comprendre ce qui s'était passé : Cooper l'avait lâché.

John reprit ses esprits et regarda autour de lui. Il faisait beaucoup plus sombre dans la grotte. Seules deux torches brûlaient encore. Adossé contre une paroi rocheuse, Pablo gémissait.

Aiko se frottait les côtes. Mojo, qui avait quitté sa tenue de guépard, mâchonnait des herbes qu'il s'appliquait sur la jambe. Visiblement, pendant que John était suspendu en l'air, certains événements lui avaient échappé. Il se retourna, mais Tommaso n'était plus là. Des bruits de pas résonnaient dans l'un des tunnels. Le combat avait pris fin. Comment était-ce possible ?

John s'assit à côté de Pablo et le prit par l'épaule. Avec sa main, il fit le signe de la victoire.

—Super! dit-il. Vous les avez fait fuir? Aiko s'allongea sur la pierre froide.

—Tu crois ça? Ils étaient sur le point de nous vaincre, bougonna-t-il.

Mojo avança vers eux en boitant.

—Pourquoi ne l'ont-ils pas fait? s'étonna-t-il.

—Leurs mamans les ont appelés pour le dîner! fit John.

Mais personne ne rit de sa blague. Non, ce n'était pas la peur qui avait fait fuir les Beast Boys.

Après un long répit, John se ressaisit.

—Quelle heure est-il, au fait? murmura-t-il.

Dans l'obscurité de la grotte, il avait perdu toute notion du temps.

Il fouilla dans la poche de son pantalon à la recherche de son portable. Mais elle était vide. Il fouilla dans l'autre poche, vide elle aussi. En rampant sur le sol de la grotte, il comprit soudain pourquoi les Beast Boys avaient si vite

interrompu le combat qu'ils étaient sur le point
de gagner.

— Les amis! dit-il la gorge sèche. Ils ont
mon smartphone. Et ils ont piraté le code. Ils
peuvent donc piéger Cliff en faisant comme si
c'était moi qui écrivais.

John se sentait coupable de ne pas avoir pris
soin de son portable.

— Si Mister Yashimoto découvre où se
trouve le quartier général, il s'emparera de la
sculpture de serpent, dit-il doucement. Et le
monde sera en grand danger.

8

LA GIGANTESQUE GROTTE

LES ANIMAL HEROES MIRENT PLUSIEURS minutes à retrouver leurs esprits. Le combat les avait épuisés.

John se remit debout le premier. Il s'impatientait, car il ne voulait pas laisser les Beast Boys prendre trop d'avance.

—Venez! lança-t-il. Nous devons y aller.

Pablo gémissait. Liam l'avait malmené avec ses griffes, et ses ailes étaient en partie déchiquetées.

Aiko le prit par le bras et l'aida à se lever.

—Viens, Ailes de faucon. Nous sommes des héros, pas des poules mouillées.

Pablo s'étira une nouvelle fois et fit disparaître ses ailes. Il était fin prêt.

Mojo avait plus de mal à réagir. Le venin de Phil se répandait dans ses veines. John vit qu'il respirait difficilement, mais il savait pourquoi. Le souvenir des douleurs que lui avait infligées le venin de l'aiguillon d'Ignatius était gravé dans sa mémoire.

Il s'approcha de Mojo et le soutint sous l'épaule pour l'aider à marcher. Au début, le garçon-guépard s'appuya sur lui, puis il réussit à avancer seul en titubant légèrement.

Pablo prit une torche et pénétra dans le tunnel par lequel les Beast Boys avaient pris la fuite. C'était celui qu'ils avaient emprunté eux-mêmes une heure plus tôt.

Aiko percha Nelson sur son épaule.

Les quatre garçons avançaient aussi vite que le leur permettait Mojo. Bientôt, ils atteignirent l'endroit où Aiko avait fait demi-tour pour retourner chercher Nelson.

De là, le tunnel serpentait à travers la roche. Au bout de trois cents mètres, John entendit un cri d'oiseau. Horus les rejoignit dans un battement d'ailes. Dans son bec, il tenait une plume de corbeau. Le faucon avait lui aussi affronté Corvus.

Peu après, Dante revint vers eux en galopant. La fourrure du guépard était couverte de sueur et de poussière. Il avait dû fournir de gros efforts.

John vit Mojo tressaillir quand l'animal vint se frotter contre ses jambes. Dante ronronna, tandis que le garçon lui caressait la tête.

—Où sont-ils allés? demanda Mojo.

En feulant, le guépard fit demi-tour dans le tunnel étroit avant de partir au galop dans le noir.

Mais s'apercevant que les garçons ne pouvaient pas suivre, il réprima son instinct de chasseur et les guida en s'adaptant à leur rythme. Horus volait en cercle au-dessus de lui. Le faucon manifestait lui aussi des signes d'impatience.

—Que veulent-ils nous montrer? demanda Aiko. Je ne les ai jamais vus si agités.

Pablo et Mojo étaient eux aussi de cet avis. Les garçons accélérèrent le pas.

La galerie s'enfonçait dans les profondeurs de la roche. La pente était tantôt très faible, tantôt aussi raide qu'un toboggan.

John s'accrochait aux parois irrégulières. Des images de sa séance d'escalade lui revinrent en mémoire. *En fait, ça s'est bien passé!* pensa-t-il. Mais une curieuse boule au ventre l'empêchait d'avancer.

Soudain, une nouvelle pensée lui traversa l'esprit: pourquoi la peur serait-elle mauvaise? La peur permet aussi de dépasser ses limites. Au moment où elle se manifeste, on a le sentiment de vivre vraiment!

Et la vie affluait en John. Le garçon était prêt à tout et son cœur battait à tout rompre. Peu après, les Animal Heroes aperçurent une ouverture dans la paroi rocheuse. Dante se courba et se mit à ramper. Avec sa torche, Pablo éclaira l'endroit où le guépard s'était faufilé. La sortie du tunnel était dissimulée entre les rochers. Elle était très étroite. Un adulte de petite taille aurait eu du mal à passer.

Les Animal Heroes pourraient-ils s'y glisser?

— Devons-nous vraiment nous risquer là-dedans? demanda Pablo.

À la lueur de la flamme, son front perlait de sueur.

John en connaissait la raison: Pablo était claustrophobe. Il pouvait encore supporter la traversée d'un tunnel, mais la vue d'un espace clos le plongeait dans un véritable état de panique. John s'en était rendu compte quand Cliff avait pris l'ascenseur avec eux pour rejoindre la pièce où avait eu lieu la cérémonie de la métamorphose pour Pablo.

Horus se posa sur l'épaule de Pablo et lui picora affectueusement l'oreille. Le garçon serra les dents.

— D'accord, dit-il d'une voix étranglée. S'il le faut, j'irai.

John prit son ami par l'épaule.

— Veux-tu passer le premier, le deuxième ou le dernier? demanda-t-il.

Pablo s'appuya légèrement contre John, qui le sentit trembler de tous ses membres.

— Surtout pas en dernier, répondit-il doucement. Et pas en premier non plus. Pourrais-tu passer devant moi?

John acquiesça. Pourtant, face à l'inconnu, il n'en menait pas large. Mais il s'était juré d'affronter ses peurs.

À peine John s'était-il agenouillé que Dante disparut entièrement dans l'ouverture.

Le garçon retenait son souffle. Pablo lui tendit la torche.

— Je vous appellerai dès que je serai de l'autre côté, dit-il.

Puis il se mit à ramper.

Le trou visible dans la paroi rocheuse était extrêmement étroit.

Comme Dante, John dut se retourner sur le côté pour pouvoir passer. Il s'aidait de ses jambes pour se hisser doucement. Il ne pouvait rien voir : pas la moindre lueur de l'autre côté. Autour de lui, il faisait nuit noire. Et pas le moindre souffle d'air. John se sentait comprimé comme dans un étau. La mer semblait bien loin. Mais comment le savoir ?

Soudain, le garçon entendit un halètement derrière lui. Son cœur fit des bonds. Des visions de monstres et de créatures cruelles et visqueuses défilèrent devant ses yeux. John secoua la tête pour les chasser.

Concentre-toi ! se dit-il.

Un mètre plus loin, le garçon poussa un hurlement. Son épaule venait de heurter une pierre coupante. Sa clavicule craqua.

—Quelle galère ! jura-t-il.

Des larmes coulèrent sur ses joues. La douleur était si intense qu'il pouvait à peine remuer le bras! Pourtant, il n'y avait rien de cassé.

Dante feula.

—J'arrive, ne t'inquiète pas, répondit John.

Sur quelle distance avait-il rampé? Cinq, dix, cinquante mètres? Il n'en savait rien: tout était indistinct. Il s'efforçait d'avancer dans une sorte de boyau étroit qui zigzaguait par endroits.

Après plusieurs minutes interminables, le guépard feula à nouveau. Mais cette fois, son cri résonna beaucoup plus longtemps. L'animal devait se trouver dans une pièce très haute de plafond.

Peu après, les doigts de John rencontrèrent la fourrure de Dante. Le guépard se frotta contre lui. Le passage dans lequel ils se trouvaient débouchait sur une arête rocheuse surplombant le vide.

John tendit devant lui la torche, qu'il venait de rallumer. Dante était couché à son côté, la tête au-dessus du vide.

— Laisse-moi voir, dit le garçon en poussant doucement le guépard.

Il s'avança au bord du rocher, la torche à la main.

Et là, il fut frappé d'étonnement. La grotte qui s'étendait devant lui était si grande qu'il avait peine à en évaluer la hauteur. Il ne put apercevoir que le sol, trente mètres plus bas. L'ouverture par laquelle il était passé donnait sur une paroi abrupte.

— Quelle galère! gronda-t-il. Il va encore falloir descendre!

9

LE SQUELETTE GÉANT

JOHN ÉCLAIRA LA GROTTE AU MAXIMUM, mais ne vit aucune trace des Beast Boys. Pourtant, ils étaient forcément passés par là, et Liam avaient dû les transporter l'un après l'autre.

—Les amis, nous avons un problème, lança John.

En guise de réponse, un grommellement confus lui parvint du passage étroit. Puis Pablo, Aiko et Mojo le rejoignirent sur l'arête rocheuse.

—Pablo, te sens-tu capable de nous porter? demanda John.

Pablo, qui ne s'était pas encore remis de ses émotions, ne répondit pas.

— Pour un gecko, cette descente est un jeu d'enfant. Dante devrait y arriver aussi, lança Aiko. Mais j'ignore si je serai capable de vous porter tous.

Il se fixa sur la pierre froide à l'aide de ses ventouses et descendit le long de la paroi, la tête en bas. Deux minutes plus tard, il remontait pour informer ses amis.

— Je veux bien essayer, dit-il.

John s'agrippa à son dos. Puis, avec la plus grande prudence, Aiko avança les mains et les pieds. Les deux Animal Heroes descendirent ainsi petit à petit. Au bout d'un quart d'heure, les pieds de John touchaient le sol.

Au moment où Aiko s'apprêtait à remonter pour aller chercher les autres, un cri retentit et une masse fendit l'air au-dessus de leurs têtes.

C'était Ailes de faucon. Mojo était suspendu à ses pieds. Quelques secondes plus tard, ils se posaient à côté d'Aiko et John.

—Où est le problème ? demanda Pablo, l'air amusé.

Ses angoisses s'étaient visiblement dissipées.

—Si les Beast Boys sont dans les environs, ils savent que nous sommes à leurs trousses, constata Aiko. La lumière des torches est visible de loin.

Après une courte pause, les garçons poursuivirent leur route. Mais ils durent bientôt s'arrêter, car l'autre moitié de la grotte était inondée.

—C'est ton tour, John, murmura Mojo.

John acquiesça. Il se concentra pour se connecter à Wesley par la pensée. Quand il rouvrit les yeux, il avait revêtu sa tenue de poisson. Elle était souple et élastique, comme toujours. Pas la moindre rigidité.

La longue pause qu'il avait faite lui avait permis de se régénérer.

John fit deux pas en avant. L'eau lui montait aux mollets.

—Si je trouve une issue souterraine, je reviendrai vous chercher, promit-il avant de plonger.

À peine son corps fut-il immergé que John sentit en lui l'énergie de la raie. L'eau était son élément favori. Elle avait sur lui un effet aussi régénérant que deux jours et deux nuits de sommeil consécutifs. De plus, comme Wesley, il voyait très bien sous l'eau, même dans l'obscurité la plus complète. Mais il dut nager un bon moment avant d'apercevoir quelque chose. Et ce qu'il vit était impressionnant!

Le garçon fut envahi par un sentiment de malaise. À environ trente mètres de lui, un squelette gigantesque était couché dans l'eau! Ses côtes et ses os émergeaient de son tronc.

À quelle créature avait-il pu appartenir ?
Ses dimensions correspondaient à celles d'une
baleine adulte… ou d'un monstre de l'ère
primaire…

John voulut se cacher. Un monstre de la même famille était peut-être à l'affût derrière les plantes. Un animal avec une gueule gigantesque qui se régalait de la chair humaine passant à sa portée. Était-ce pour cela qu'ils n'avaient pas vu les Beast Boys ? Auraient-ils été avalés par le monstre et digérés depuis longtemps ?

John frémit à cette idée. Puis il réfléchit. Rien ne s'était encore produit. Il serra les dents et nagea calmement en direction du squelette. Ses nageoires de raie se mouvaient sans provoquer de tourbillons.

Soudain, une masse énorme se dirigea vers lui !

Son sang ne fit qu'un tour. En réalité, ce n'était qu'un banc de poissons rouges qu'il avait pris pour un animal de grande taille.

—Garde ton calme! murmura John.

Il tenta de prendre contact avec Wesley, mais la raie n'était pas à proximité.

En avant! se dit John pour s'encourager.

Alors qu'il n'était plus qu'à dix mètres du squelette, il s'arrêta, stupéfait. Ce n'était pas une ossature de monstre qu'il avait devant lui. Non. C'étaient les planches, les mâts et les poutres d'un très ancien voilier! Il vit même une figure de proue très abîmée représentant une femme à moitié nue. À côté, le nom du bateau était gravé dans le bois. John ne put le déchiffrer, mais il supposa que c'était un nom portugais.

Le garçon avait très envie d'explorer l'épave. Au large de l'Australie, il y avait aussi

Il se cacha derrière le canot pour pouvoir observer sans être vu. Cooper brandissait un portable qui n'était pas le sien. C'était le smartphone de John !

—Nous allons attirer Cliff Hanger avec un numéro d'urgence, ricana Cooper. Ou mieux encore : c'est John qui le fera.

Liam s'étira dans le sable.

—D'accord ! Écris : « Je suis gravement blessé et ne peux me déplacer. Impossible de retrouver mon apparence normale. Apporte la sculpture de serpent de toute urgence. Nous devons recommencer la cérémonie. Surtout ne me réponds pas. Je perds souvent connaissance et ne peux répondre. Dépêche-toi, John. »

John vit Cooper taper le message à toute vitesse. Il serra les dents.

Son intuition ne l'avait pas trompé : les Beast Boys cherchaient à piéger Cliff. Et ils l'utilisaient lui, John, comme appât !

— Ça ne se passera pas comme ça! murmura le garçon. Nous allons tout faire pour empêcher ça!

Soudain, un gros animal, avec une gueule énorme, fonça droit sur lui. Rialto s'était caché derrière un banc de sable.

Tommaso lui avait certainement donné l'ordre de surveiller la baie.

Rialto était un requin sanguinaire. John ne le savait que trop. Le garçon avait combattu plusieurs fois Tommaso, et Rialto s'était toujours investi dans la lutte. Il se mettait à l'affût, prêt à intervenir. Exactement comme maintenant.

— Gare à toi, maudite bête! murmura John. Si tu t'approches, je te réduis en bouillie!

Rialto montra les dents. Alignées sur plusieurs rangées, elles étincelaient. Si le requin parvenait à lui mordre un bras ou une jambe, le garçon était perdu.

Mais John n'était pas prêt à se laisser dévorer si facilement. Il était un Animal Hero! Et s'il restait maître de lui, il pourrait flanquer une sacrée raclée au requin.

Rialto hésita un instant avant de nager en cercle autour de John. Puis il accéléra droit sur lui.

John scruta les alentours. L'attaque de Rialto pouvait n'être qu'une manœuvre permettant à Tommaso de l'agresser par-derrière. Mais les Beast Boys étaient tous restés sur la plage.

Avant que Rialto ne l'atteigne, John serra les poings. D'un petit mouvement de nageoire, il recula d'un mètre sur la gauche. Ses mains avaient le champ libre. Il fit diversion avec le poing gauche et assomma le requin du poing droit. John avait touché le museau, la zone sensible du poisson.

Rialto rouvrit les yeux. Le gémissement sourd qu'il poussa fit frissonner John. Mais le garçon obtint le résultat escompté : Rialto se hâtait de faire demi-tour.

— Super ! s'écria John, fou de joie. Apprends à ne jamais sous-estimer Aiguillon des mers !

Puis il évalua la situation. Seul face aux quatre Beast Boys, il n'avait aucune chance. De plus, Aiko, Mojo et Pablo l'attendaient dans la grotte. John décida de retourner les chercher pour préparer l'attaque. L'un d'eux devrait appeler Cliff pour l'avertir du piège que lui tendait Yashimoto. Cliff ne devait pas mettre les pieds ici, quelle que soit la tournure que prenaient les événements. L'avenir de la planète était en jeu.

John fit demi-tour, puis se mit à nager à toute vitesse. Il s'enfonça à vingt mètres de profondeur en se dirigeant vers les rochers qu'il avait quittés un quart d'heure plus tôt. Puis il se faufila dans le passage en ramenant ses nageoires le long du corps. Dans la grotte, il faisait jour. L'épave du trois-mâts n'avait plus rien de fantomatique. John s'apprêta à rejoindre la surface. Comme un boulet de canon, il remonta des fonds marins et prit une énorme bouffée d'air.

De l'autre côté de la grotte, ses amis l'attendaient. Ils s'étaient adossés à la paroi raide, sûrement pour éviter d'être attaqués par-derrière. Aucun d'eux ne savait encore où se trouvaient les Beast Boys.

Plongeant une nouvelle fois, John se hâta de retrouver ses amis, qui attendaient son rapport.

Le garçon regagna la terre ferme.

—Aiko, prends ton portable et appelle Cliff, ordonna-t-il. Les Beast Boys veulent le piéger. Ils lui ont envoyé un message de mon smartphone.

Aiko s'exécuta et pianota rapidement sur les touches de son portable.

— Mon smartphone est mort, dit-il, désappointé. L'affichage fonctionne, mais je ne peux ni recevoir ni envoyer de messages.

Mojo et Pablo attrapèrent aussitôt leurs téléphones.

— Mince! jura Mojo. C'est la même chose pour moi. Yashimoto a dû les bloquer.

— Nous ne pouvons compter que sur nous-mêmes, constata Pablo. Si nous ne parvenons pas à récupérer le smartphone de John, les Beast Boys s'empareront de la sculpture.

Aiko fixa les autres du regard.

— Eh bien, nous allons trouver une solution! déclara-t-il.

10

Duel sous-marin

Le plan fut rapidement échafaudé.
Pablo devait transporter Mojo et Aiko l'un
après l'autre jusqu'à l'extrémité de la grotte.
Là, John les attendrait dans l'eau pour les faire
passer à travers l'ouverture qui débouchait dans
la mer. Les garçons pourraient monter dans
la barque et se coucher au fond. John devrait
ensuite libérer l'ancre et pousser le canot tout
doucement jusqu'à la petite île. En s'approchant
le plus près possible de la plage, ils pourraient
lancer une attaque surprise.

—C'est d'accord! s'exclama John en sautant
dans l'eau.

Puis il plongea en direction de la sortie de la grotte. Alors qu'il s'apprêtait à passer au-dessus de l'épave, il vit des bulles d'air remonter. Et il sentit une odeur de requin…

— Rialto! hurla John sous l'eau. Tu en redemandes!

— Ouuuuirk!!

Un cri strident lui glaça le sang.

Était-ce le requin ou un monstre plus redoutable encore?

John se concentra et fit appel à ses sens. Percevait-il quelque chose? Quel bruit entendait-il? L'eau avait-elle un goût particulier lui permettant d'identifier la menace à laquelle il devait faire face?

Le garçon ne remarqua rien, mais sa petite voix intérieure se manifesta. Était-ce lié à l'instinct de la raie? Pressentait-il quelque chose qu'il ne pouvait ni voir ni entendre? Se fiant à son intuition, il évita de s'approcher de l'épave. L'envie lui était complètement passée d'aller l'explorer.

—On ne devrait pas toujours être contraint d'affronter ses peurs, murmura-t-il. Parfois, il vaut mieux prendre ses jambes à son cou…

Alors que John remontait rapidement pour mettre la plus grande distance possible entre lui et le squelette, il vit une ombre passer. Un banc de maquereaux se disloqua en tournant autour de lui. Qu'est-ce qui les avait donc effrayés ainsi ?

—Ouuuuirk !!

Le hurlement retentit à nouveau.

Il résonnait comme le cri aigu d'un animal en difficulté. John était mal à l'aise. Heureusement, il regarda en bas juste au bon moment. Tommaso ! Avec un visage grimaçant, le Beast Boy surgit de l'épave, se dirigeant droit sur John. Il portait sa tenue de requin bleu foncé, difficile à distinguer à plus de dix mètres de profondeur. Il était pourvu d'une nageoire dorsale.

Aux pieds, il portait des palmes trois fois plus grandes que ses pieds normaux. Chacun de ses talons était muni, en guise de nageoire caudale, d'une lame aiguisée en forme de crochet, une arme redoutable. Sa nageoire dorsale était très dure, mais pas coupante. Cependant, elle pouvait assener des coups redoutables. Juste avant de rejoindre John, Tommaso se recroquevilla et fit un tour complet sur lui-même comme pour un salto. Quand il se retrouva dos à dos avec John, il tendit brutalement les jambes en arrière. John comprit trop tard la manœuvre de son adversaire. Il tenta de s'échapper, mais en vain. Les lames de Tommaso passèrent de chaque côté de son corps. En pivotant, John put protéger sa nageoire gauche.

Mais la lame du garçon-requin trancha sa nageoire droite, qui se déchira d'un coup sec. N'offrant plus aucune résistance à l'eau, elle devenait inutilisable. John pouvait remuer le bras, mais il n'avait plus ni élan ni contrôle sur la nageoire. Et il ne pouvait même plus nager normalement. Quand il ramait avec sa nageoire gauche, il ne faisait que tourner sur lui-même.

Le garçon sombra vers l'épave. Qu'allait-il advenir de lui au fond de l'eau, dans le noir complet ?

— Ouuuuirk !!

John tressaillit.

Tommaso éclata de rire. Comme John, il pouvait parler sous l'eau sans qu'elle pénètre dans ses poumons.

— Tu es un incapable, John ! le railla-t-il. Tu n'es même pas fichu de te tirer d'affaire. Quel minable, tu fais !

John serra les dents. En temps normal, il avait le sens de la repartie, mais là, il avait des préoccupations plus importantes en tête. Tel un oiseau aux ailes brisées, il était contraint d'apprendre de nouveaux mouvements. Et il devait faire vite, le temps lui manquait.

—Ouille!!!

Son épaule venait de heurter un obstacle dur. John vit trente-six chandelles, mais il parvint à freiner sa chute dans un ultime sursaut.

Le garçon était suspendu au bastingage du bateau. Le pont s'étendait derrière lui. La proue piquait du nez.

—Ouuuuirk!!

Pour la quatrième fois, il entendit résonner le cri sinistre qui se rapprochait.

John se sentit très mal.

Tommaso s'amusait à ridiculiser son ennemi. Il nageait devant lui en tournoyant avec élégance.

De temps à autre, il exhibait ses lames étincelantes. John était dans l'incapacité de se défendre face à une attaque des Beast Boys. Sous lui, dans l'épave, une bête semblait être à l'affût, et Rialto n'était certainement pas loin. Le garçon devait prendre une décision. Et vite.

Deux possibilités s'offraient à lui, sans qu'aucune ne soit réellement avantageuse.

Il pouvait retrouver son apparence normale en se débarrassant de sa tenue et de ses nageoires déchirées pour pouvoir être plus libre de ses mouvements. Dans ce cas, il perdrait en rapidité et aurait besoin de reprendre son souffle beaucoup plus souvent. Ce n'était pas idéal pour combattre ! Ou bien il conservait sa tenue de poisson, sachant qu'elle l'empêchait de nager correctement.

—Attends voir ! fit John. Il y a une troisième solution qui combinerait les deux autres !

Pour cela, il devait faire preuve d'un grand courage et se montrer digne de son nom d'Aiguillon des mers! Le garçon rassembla ses esprits. Il n'avait droit qu'à un seul essai et ce devait être le bon!

Quand Tommaso reprit sa danse ridicule sous son nez, John ramena les bras le long du corps et s'élança vigoureusement hors de la coque du bateau. Telle une comète, il fonça droit sur Tommaso, qui était en plein salto, la tête en bas.

Il attrapa des deux mains l'une des chevilles du garçon-requin et dirigea la lame vers son propre buste. En trois coups secs, il trancha ses deux nageoires. Quand Tommaso commença à se débattre, John le repoussa et nagea vers l'épave. Il avait l'impression d'avancer au ralenti, mais il pouvait au moins contrôler ses mouvements.

John avala sa salive. Il s'en sortait de façon inespérée. Il devait maintenant s'attaquer à la partie la plus difficile. En pleine mer, sans ses nageoires, il n'avait pas la moindre chance face à Tommaso. Il devait donc trouver un endroit dont il tirerait parti. Et quel meilleur lieu que l'épave, qui abritait de multiples cachettes?

— Ouuuuirk!!

John savait que sa vie dépendait désormais de ce bateau. En nageant vers l'épave, il tenta d'en repérer les moindres détails.

Le bateau, qui devait mesurer cinquante mètres de long, était incliné, la proue orientée vers les fonds marins. John distingua deux mâts brisés et plusieurs escaliers sur le pont qui menaient vers différents niveaux.

Des planches manquaient. Certaines étaient rongées ou pourries. Sur les côtés du bateau, de nombreux trous correspondaient aux anciens hublots ou aux ouvertures destinées aux canons.

Tout en haut, là où le bastingage avait arrêté John dans sa chute, des vestiges de sculptures maniérées étaient encore accrochés aux parois extérieures. Ce devait être la cabine du capitaine. Soudain, un tourbillon d'eau attira son attention. Il tourna précipitamment la tête. Tommaso était à moins de dix mètres de lui! Cela représentait cinq brasses pour John et un simple coup de nageoire pour le Beast Boy. John visa un trou étroit dans la coque du bateau, une ouverture difficilement accessible pour Tommaso avec ses nageoires trop grandes.

Avant d'atteindre ce petit passage, John changea de tactique. Il ne voulait pas faciliter la tâche à Tommaso.

Alors que ses mains allaient toucher le bois, il fit un bond de côté.

Un «woum» résonna derrière lui.

Tommaso avait cherché à retenir John au dernier moment, mais ses deux lames s'étaient plantées dans le bois du bateau. Le Beast Boy était comme cloué aux planches, la tête en bas. Il tirait sur ses jambes et hurlait de rage en voyant John lui échapper.

—Je t'aurai, tête de boomerang! hurlait-il. Tu n'as encore rien vu! J'aurai ta peau!

John nageait vers la surface. S'il parvenait à remonter, il pourrait informer ses amis. Pablo le ramènerait sur la terre ferme et ils réfléchiraient ensemble à la manière de tromper les Beast Boys et de prévenir Cliff Hanger à temps.

Mais John n'avait pas encore atteint son but. Il lui restait trente mètres à parcourir.

Il ne pouvait plus nager aussi rapidement que Rialto, Tommaso et Wesley, mais il avait énormément appris depuis qu'il était devenu un Animal Hero. Il avait passé un nombre incalculable d'heures dans la mer et les fleuves. Il savait utiliser les courants mieux que quiconque et glisser sur l'eau en dépensant le moins d'énergie possible. Même sans nageoires.

John avait presque atteint la surface, quand un coup dans les côtes le renvoya vers le fond.

Rialto !

Le requin l'avait heurté de plein fouet pour l'empêcher de fuir.

Tommaso voulait vraiment sa peau. Mais Aiguillon des mers savait se défendre.

Et il gagnerait le combat!

—Très bien, hurla John. Il n'y a que les coups qui fonctionnent avec toi! Je vais te donner une bonne leçon!

Malgré ses vociférations, il n'en menait pas large. Le cri terrible ne s'était pas reproduit, ce qui lui parut étrange. Et il aurait préféré de loin se dorer au soleil plutôt que d'avoir à se battre contre Tommaso. Malheureusement, il n'avait pas le choix. John tendit les bras et se hissa comme une anguille sur la cabine du capitaine située sur la proue du bateau. En s'accrochant au reste de ce qui avait été jadis un hublot, il se propulsa avec les pieds dans la cabine.

La pièce était étonnamment claire, car il manquait des morceaux de plafond. John put identifier les restes d'une couchette. Une grande table était clouée dans le sol et une étagère encastrée dans la paroi.

Le décor ressemblait à celui du navire médiéval qu'il avait visité avec ses parents dans les Caraïbes. Mais à la différence que des anneaux métalliques étaient ici fixés dans le sol et la paroi. La rouille ne les avait pas complètement rongés.

—Ouuuuirk!!

John fut pris de frayeur. Toujours ce cri terrifiant! Il voulut aussitôt quitter l'épave, mais il aperçut Rialto par le hublot. C'était comme si Tommaso avait prévu depuis le début d'attirer John par ici. Le garçon ferma les yeux un instant. Dans une dizaine de minutes, il serait à cours d'oxygène. Il connaissait parfaitement ses limites.

Bravant la pression de l'eau, il tenta d'ouvrir la porte de la cabine. Mais étant donné l'inclinaison du bateau, ce ne fut pas chose facile.

Il poussa la porte de toutes ses forces et se faufila à travers l'ouverture étroite. D'après ses calculs, elle débouchait sur le pont. En réalité, elle donnait sur une petite pièce sans plancher. Impossible de savoir à quoi avait servi cet endroit. John le traversa et croisa une grosse pieuvre. Un niveau plus bas, une salle s'étendait sur toute la largeur du bateau. Des fûts, des coffres et des morceaux de bois flottants s'étaient entassés au pied du mât principal.

Cette pièce aveugle avait sûrement servi d'entrepôt. La lumière filtrait timidement entre les planches. À son extrémité, John découvrit un petit hublot qui donnait sur l'extérieur. En nageant dans sa direction, il remarqua de nombreux anneaux métalliques ancrés dans le sol. Soudain, ce qu'il avait lu sur Lagos lui revint en mémoire. Dans cette petite ville portuaire, on vendait des esclaves en provenance d'Afrique. John frémit. Le bateau dans lequel il se trouvait avait servi au transport d'esclaves! D'où les nombreux anneaux. Des hommes et des femmes y avaient été enchaînés pendant la traversée!

—Ouuuuirk!!

La plainte se fit à nouveau entendre, mais tout près, cette fois. John crut comprendre d'où provenait ce cri terrifiant: c'étaient les âmes des esclaves qui avaient fait naufrage! Son sang ne fit qu'un tour. Le garçon voulut fuir ce bateau damné!

Il se précipita vers le hublot, mais une partie du mât et des tas de morceaux de bois lui barraient la route.

Il n'avait plus que dix mètres à parcourir. Tout à coup, à travers les planches, il vit deux yeux le regarder fixement, comme s'ils le guettaient dans les profondeurs depuis une éternité.

11

LE GARÇON-REQUIN
ENCHAÎNÉ

JOHN TRÉBUCHA. UN LAMBEAU DE SA nageoire s'était pris entre deux poutres. La fuite était désormais impossible. Les yeux, qui le scrutaient toujours, étaient à un mètre de lui.

—Laissez-moi tranquille! cria John, paniqué. Je ne vous ai rien fait!

Les âmes des esclaves ne savaient-elles donc pas qu'il n'avait rien à voir avec ce commerce d'hommes?

—Je n'ai que onze ans!

John tira sur son bras pour se dégager. Des morceaux de bois s'effondrèrent comme un château de cartes.

Soudain, il aperçut une silhouette humaine. Celle de la créature aux yeux menaçants.

C'était Tommaso!

—Alors comme ça, tu n'as que onze ans? le railla le garçon-requin. C'est pour ça que je devrais t'épargner? J'ai onze ans moi aussi, mais je ne suis pas une mauviette comme toi. Et je vais t'en coller une!

John fut pris au dépourvu. Il était à la fois soulagé et effrayé. Ce n'était pas les âmes des esclaves qui l'avaient guetté, non. C'était son ennemi juré. Il lui aurait bien sauté au cou, tant il se sentait rassuré. Mais il ne devait rien en laisser paraître.

—Je… Je voulais juste te tirer de ta cachette, balbutia John.

Puis il se reprit:

—Tu te contentes de proies faciles. Comme une hyène. Ou encore un requin…

C'en était trop pour Tommaso. Ceux qui critiquaient Rialto se prenaient toujours une raclée. John le savait. La colère fit perdre son sang-froid à l'Italien.

Fou de rage, il attaqua John. À une vitesse folle, il tenta de le percuter. Mais Aiguillon des mers fit un bond de côté et Tommaso le manqua. Pour John, ce n'était plus qu'une question de minutes avant d'être capturé par le garçon-requin.

Tommaso redressa sa nageoire dorsale et fit un tour sur lui-même. Le Beast Boy avait dû beaucoup s'entraîner pour parvenir à un tel résultat. C'est du moins ce que supposa John. Il ne devait pas le sous-estimer.

Quand Tommaso l'attaqua à nouveau, John se baissa juste à temps. Les lames sifflèrent à ses oreilles.

Soudain, John aperçut dans le sol une trappe munie d'un anneau métallique sur lequel il tira.

À sa grande surprise, la trappe s'ouvrit, lui permettant de se glisser dans l'obscurité. Mais il le regretta aussitôt.

—Ouuuuirk!!

Le cri résonna sous ses pieds. Paniqué, il se jeta contre la trappe, que Tommaso venait de refermer.

—Si tu veux sortir de là, tends tes bras par la fente afin que je puisse t'enchaîner.

John réfléchit à toute vitesse. Deux minutes de plus et il serait à court d'oxygène. Sans compter qu'il était enfermé avec une bête hurlante.

—Jamais! cria-t-il. Jamais un Animal Hero ne se laissera enchaîner. Et surtout pas par un Beast Boy!

—Comme tu voudras, rétorqua Tommaso. Ma réserve d'oxygène me permet de tenir une demi-heure. Et toi?

En palpant les parois, John se griffa les mains sur des coquillages pointus. *Plus qu'une minute!* pensa-t-il. Mais il répondit :

— Je tiendrai facilement une heure.

Tommaso ricana.

— Ah! Tu voudrais que je te laisse sortir maintenant? Tu penses que j'aurai besoin d'air avant toi? Tu veux que… Arrrrrg!

John n'entendit plus rien.

Soudain, la trappe s'ouvrit. John serra les poings pour se défendre, mais le visage qu'il vit apparaître portait un masque.

—Aiko! s'écria le garçon, fou de joie. Que fais-tu là?

Équipé d'une bouteille d'oxygène, Aiko avait revêtu une tenue de plongée. De son côté, Tommaso, enchaîné et suspendu à une poutre, feulait comme un chat sauvage pris au piège.

—Te serais-tu légèrement emmêlé dans tes chaînes, Tommaso? lança John. Ce n'est pas moi que tu voulais attraper?

Aiko éclata de rire sous son masque de verre. John lui sauta au cou. Tout à coup, derrière son ami, il vit surgir Wesley. Sa raie devait avoir une responsabilité dans son sauvetage. Mais avant d'en savoir plus, John devait reprendre son souffle.

Il prit le tuyau du masque d'Aiko et le porta à sa bouche. Puis il aspira trois bonnes bouffées d'oxygène, lui permettant de tenir longtemps sans avoir à remonter à la surface.

Aiko ne pouvait pas parler sous l'eau, mais il lui fit comprendre par des gestes que Wesley lui avait apporté une tenue de plongée dans la grotte. John rejoignit sa raie et se serra contre elle.

—Je suis très fier de toi, Wesley! dit-il.

Au moment où John touchait sa raie, il se produisit une chose incroyable: sa tenue de poisson se répara d'elle-même. John disposait désormais de deux nouvelles nageoires fonctionnelles.

—Aiguillon des mers est de retour! claironna-t-il.

Il prit la lampe torche des mains d'Aiko et nagea vers la trappe. D'où pouvait bien venir ce cri qui l'avait tant effrayé? Il voulait en avoir le cœur net.

Courageusement, il éclaira la petite pièce où il avait été retenu prisonnier.

—Ouuuuirk!!

Le cri résonna une nouvelle fois. Soudain, John éclata de rire. Trois mètres plus bas, un canon était pris dans des chaînes. Chaque fois que le courant faisait bouger l'épave, le canon roulait sur le côté, faisant grincer les chaînes. Telle une caisse de résonance, il produisait des sons monstrueux.

—Ce ne sont pas les âmes des esclaves, murmura John.

Il avait sans doute lu beaucoup trop d'histoires aborigènes ces derniers temps. Ces anciens habitants de l'Australie avaient des croyances de ce genre…

—Et si vous êtes là, reposez en paix, ajouta John aussitôt.

Le rayon lumineux de la lampe éclaira un petit coffre, dont le sel de mer avait presque complètement rongé le bois. Ce coffre contenait de grosses pièces d'or. Sur le coup, John sauta de joie. Il avait trouvé un trésor ! Il avança à tâtons et voulut emporter le coffre. Avec cet or, les Animal Heroes pourraient s'offrir tout ce qu'ils voudraient !

Soudain, il pensa à la manière dont cet or avait été gagné et aux souffrances insoutenables des esclaves. John ne voulait pas y être mêlé. Il se contenta d'emporter quelques pièces pour les offrir à Cliff Hanger, que la crédulité de John avait certainement mis en difficulté.

Le garçon referma la trappe. Il était temps de passer aux choses sérieuses : les Animal Heroes devaient récupérer son smartphone et avertir Cliff Hanger.

Aiko lui fit comprendre par des gestes qu'il allait remonter à la surface. John acquiesça et lui répondit qu'il allait le suivre.

Mais auparavant, il voulait donner une petite leçon à Tommaso. Histoire que le prétentieux garçon-requin s'en morde bien les doigts.

—Au revoir, Tommaso, dit John en étendant ses nageoires sous le nez du Beast Boy enchaîné.

—Hé! Attends un peu! supplia Tommaso. Tu ne peux pas me laisser ici. Je vais asphyxier comme une mouche dans un verre de soda!

John prit un air décontracté.

—T'inquiète! Ton requin a des dents pointues. Il pourra certainement te libérer de tes liens.

—Oui! hurla Tommaso. Mais il aura du mal à viser juste avec sa grosse tête et il risque de me déchiqueter les bras au passage. Allez!

John riait sous cape, mais il resta de marbre.

—Alors, faisons un marché, proposa-t-il en revenant sur ses pas. Ta liberté contre mon smartphone.

Tommaso pouffa, comme si John avait fait la meilleure blague du monde.

— Tu rêves ! dit-il. Les autres ne marcheront jamais !

John eut pitié du garçon. Il prit les chaînes qui retenaient Tommaso prisonnier et les décrocha de la poutre.

— Tu vois, nous ne sommes pas comme vous, expliqua-t-il. Un pour tous, tous pour un : telle est la devise des Animal Heroes. Nous ne consentirions jamais à sacrifier l'un des nôtres, quelle qu'en soit la raison.

John repartit à la nage en traînant Tommaso, qui gigotait dans tous les sens à cinq mètres derrière lui. Il s'arrêta devant le hublot de la cabine du capitaine, où Rialto montait la garde. Tommaso lui avait visiblement donné l'ordre de ne pas laisser filer John. Aiko, lui, avait pu passer non loin du requin sans être attaqué.

— Dis à ton chien de garde de décamper, ordonna John. Sinon, tu restes ici.

Fou de rage, Tommaso fut contraint d'obéir.

—Tu l'attraperas la prochaine fois, Rialto, d'accord? lança-t-il. Laisse-nous passer!

Effrayé de voir son maître ainsi enchaîné, le requin hésita un instant. Puis il fouetta l'eau de sa queue avant de s'éloigner. John traversa le hublot et poursuivit sa route. Il tira plusieurs fois sur la chaîne pour sortir Tommaso de l'épave.

Le Beast Boy se cogna la tête contre les bords du hublot.

—Aïe! hurla-t-il. Tu le fais exprès!

—Je t'ai complètement oublié. Désolé, fit John, impassible.

Il dut se retenir de rire.

—J'ai rempli ma partie du contrat, gémit Tommaso. Laisse-moi partir!

John secoua la tête en ricanant.

—Pour que tu m'attaques encore? Non, je te ramène au bord du bassin, du côté où Mojo et Pablo m'attendent.

Tommaso s'étrangla.

— Tu ne pourrais pas te presser un peu? demanda-t-il. Je manque d'air.

John gonfla ses nageoires et changea de direction. Au lieu de traverser la grotte, il remonta en ligne droite. Arrivé à la surface, Tommaso suffoquait comme un coureur de marathon qui vient de franchir la ligne d'arrivée.

Après une courte pause, John tendit les bras pour déployer ses nageoires. En quelques mouvements brefs, il parcourut la petite distance qui le séparait de la rive. Il ne lâchait pas Tommaso.

Pablo et Mojo attendaient avec impatience à l'endroit où il les avait laissés. Il semblait à John qu'il s'était écoulé une éternité depuis son départ. Mais, en réalité, il ne s'était pas absenté plus d'une heure.

— Salut! dit-il à ses amis.

À peine eut-il mis les pieds hors de l'eau que Pablo et Mojo lui sautèrent au cou.

—Tu nous as fait une de ces peurs! s'écria Mojo. Nous ne te voyions pas revenir.

Pablo acquiesça.

—Nous ne savions pas si ça faisait partie de ton plan, dit-il. Mais quand nous avons vu Wesley arriver avec une tenue de plongée, nous nous sommes alarmés.

—Qu'y a-t-il au bout de cette chaîne? demanda Mojo.

John la tira des deux mains pour leur montrer sa prise.

—C'est notre dîner, dit-il. Mais il nous faut une bonne sauce.

Pablo éclata de rire.

—Une sauce aux épices italiennes, se moqua-t-il.

Mojo s'éclaircit la voix.

—Trêve de plaisanterie, dit-il, assez parlé. Aiko est seul avec les trois autres Beast Boys. Il a peut-être été capturé et attend notre intervention.

Pablo et John retrouvèrent aussitôt leur sérieux. Après avoir traîné Tommaso sur le sable, ils l'adossèrent contre la paroi rocheuse.

— Tes amis viendront te chercher, promit John.

En s'esclaffant, Mojo ajouta :

— Tu les reconnaîtras peut-être à leurs têtes toutes cabossées.

Les Animal Heroes reprirent le projet là où il l'avait laissé depuis le départ de John. Aiguillon des mers nagea jusqu'à l'extrémité de la grotte. C'est là, sous l'eau, que se trouvait l'issue vers la mer. Pablo le suivit dans les airs, avec Mojo suspendu à ses pieds. Ils avaient renvoyé Dante dans les galeries. Le guépard n'aurait aucun mal à trouver un chemin menant au phare.

Arrivé au bout de la grotte, Mojo lâcha les pieds de Pablo et sauta dans l'eau. Puis il s'agrippa aux épaules de John.

— Inspire un bon coup ! lui dit Aiguillon des mers.

Mojo obéit et plongea, couché sur le dos de son ami.

Pour Aiguillon des mers, rejoindre la mer était un jeu d'enfant. Mais il sentait Mojo s'agiter sur son dos. Une personne normale ne peut pas rester plus de trente secondes sous l'eau sans respirer. Le cerveau programme alors le corps pour qu'il se mette en situation de survie. John en était bien conscient et il accéléra.

Quand John traversa la paroi rocheuse par la percée étroite, une question lui vint à l'esprit. Comment diable le bateau d'esclaves avait-il pu s'échouer dans la grotte? Le passage était juste assez large pour un requin de la taille de Rialto, mais en aucun cas pour un navire aussi gros.

Il n'y avait qu'une seule explication possible. Sous cette ouverture devait s'en trouver une autre beaucoup plus grande qui s'était remplie de sable au fil des siècles. C'était sans doute pour cela que cette épave était inconnue des chercheurs de trésor amateurs. De l'autre côté du passage, John déploya ses nageoires.

En haut, il aperçut le canot derrière lequel il s'était caché un peu plus tôt. C'est là qu'il vit Aiko. Suspendu sous la barque, le Japonais pointait son visage du doigt. Nelson, qui était enfermé dans son masque de plongée, admirait le monde sous-marin. Quelle vue pour un gecko!

En trois brassées, John atteignit le canot. Aiko, qui venait de remonter à la surface, accueillit les garçons. L'île semblait déserte. Aucun Beast Boy n'était en vue. Seul Corvus, perché sur un rocher, scrutait la mer.

Blanc comme un linge, les yeux écarquillés, Mojo se retenait de tousser trop fort.

—Je comprends mieux les performances que tu accomplis! dit-il, le souffle court, en se tournant vers John. Mes poumons réclamaient de l'air pendant que nous étions sous l'eau. Je me suis efforcé à grand-peine de garder la bouche close.

Aiko ferma la bouteille d'oxygène et retira son masque.

—Ce n'est pas sorcier de plonger quand on est connecté à une raie, lança-t-il par provocation. Rien d'étonnant non plus à ce que tu coures si vite. Les guépards savent le faire.

Mojo fit un geste grossier à Aiko. Mais John refusa de se mêler à la discussion. Il regagna les profondeurs pour aller chercher Pablo. Quand il remonta avec Ailes de faucon deux minutes plus tard, Aiko et Mojo se disputaient encore.

—Tu n'es qu'un idiot, s'énervait Mojo. Tu es toujours blessant!

—Si tu es trop sensible, c'est ton problème, rétorqua Aiko. J'ai le droit de dire ce que je veux!

John voulut intervenir, lorsqu'un sifflement fendit l'air au-dessus de leurs têtes. C'était le HeroSpeeder. Cliff Hanger était tombé dans le piège des Beast Boys!

—Espérons qu'il n'a pas apporté la sculpture de serpent avec lui, balbutia Mojo, abasourdi.

—Il est trop intelligent pour ça, répondit Aiko pour tenter de calmer les esprits.

Le Speeder atterrit exactement à l'endroit où John avait vu les Beast Boys le matin même. Devant la porte de l'appareil, la rampe descendit. Cliff apparut sur la première marche. Dans sa main, il tenait la sculpture de serpent…

12

LES HEROPHONES

ATTERRÉS, LES ANIMAL HEROES observaient la petite île depuis leur cachette. Le HeroSpeeder s'était posé sur le sable. Les rotors ronflaient encore. Cliff Hanger marcha le long de la plage, la sculpture magique de serpent sous le bras. Il cherchait à venir en aide à John, dont il avait visiblement reçu le prétendu message sur son smartphone.

Pablo réagit le premier. Il s'éleva dans les airs pour rejoindre l'île.

— Il y a un garçon couché sur le sable ! annonça-t-il. Et il a des cheveux blonds. C'est ton sosie, John ! Cliff se dirige vers lui.

John donna de violents coups de nageoire et fendit l'air comme une flèche en s'élevant à plusieurs mètres au-dessus de l'eau.

—Noooooon! hurlait-il. C'est un piège. Je suis ici!

Aussitôt, Pablo, Mojo et Aiko se mirent à hurler eux aussi. Mais le vent soufflait en sens contraire, empêchant Cliff d'entendre leurs cris. John le vit courir vers le corps qui semblait sans connaissance.

Avant de retomber dans l'eau, John aperçut les têtes de Liam et Phil, qui s'étaient cachés derrière un rocher. Et surtout Mister Yashimoto. L'homme attendait de pouvoir s'emparer de la sculpture afin de créer une armée de Beast Boys qui dominerait le monde.

—Noooon! cria John.

Soudain, Cliff tourna la tête et aperçut Pablo. Mais il resta là sans bouger.

John plongea et se mit à nager en direction de l'île. À son arrivée, Liam et Phil avaient attaqué Cliff. Coiffé d'une perruque blonde, Cooper bondit sur ses pieds et se mêla au combat.

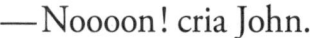

Dans son costume élégant, Mister Yashimoto observait la scène de loin. Il savait que son ennemi juré n'avait aucune chance face aux trois Beast Boys.

—Donne-nous la sculpture, cria-t-il. Mes garçons te laisseront la vie sauve.

Au même instant, Pablo, dans un vol piqué, percuta Cooper. Le garçon-serpent, qui avait enfermé Cliff dans ses bras élastiques, ne bougea pas d'un pouce. John avança vers lui, déploya ses nageoires et s'en servit pour aveugler Cooper et Phil. Pablo renversa Liam. Des plumes noires tourbillonnèrent quand les deux garçons s'affrontèrent. Peu après, Aiko et Mojo rejoignirent leurs amis. Les griffes dont étaient équipées les chaussures de Mojo s'enfonçaient dans le sable. Le garçon-guépard fit un bond de cinq mètres en direction de Cooper, tandis que John dégageait ses nageoires.

Attaqué par surprise, Cooper n'eut pas le temps de tendre les bras pour se défendre. Il tomba à la renverse. Tel un prédateur, Mojo s'était jeté à quatre pattes sur son ventre en montrant les dents.

Aiko repoussa Phil dans le sable. La pointe de l'aiguillon manqua de peu la jambe de Cliff, qui fit un saut de côté.

— Cliff ! cria John. Tout va bien pour moi. Partons !

Cliff Hanger fixa John des yeux et acquiesça. Puis il se précipita vers le HeroSpeeder en serrant la sculpture contre sa poitrine. John vit Yashimoto s'exciter.

— Qu'attendez-vous, imbéciles ? hurla l'homme. Je veux cette sculpture. Ne la laissez pas nous échapper !

Aiguillon des mers reprit son apparence normale pour pouvoir courir plus vite.

Au-dessus de sa tête, Pablo et Liam s'empoignaient, tandis que Corvus et Horus s'affrontaient.

—Aiko, Mojo! hurla John.

Il n'eut pas besoin d'en dire plus. Ses amis savaient quoi faire. Aiko grimpa sur le dos de Mojo, dont les griffes avaient une prise parfaite sur le sable. Avec la rapidité du guépard, il rejoignit le Speeder en passant devant John.

Gêné par le sable qui tourbillonnait, il s'immobilisa devant la rampe. Aiko bondit sur la surface lisse de l'hélicoptère et s'y fixa avec ses ventouses. Puis il aida Mojo et John à grimper, leur faisant gagner quelques secondes précieuses. Cooper et Phil avaient presque rejoint le Speeder.

—Pablo! ordonna Cliff en lui faisant signe.

Ce qui se produisit ensuite leur fit l'effet d'une bombe. La sculpture glissa des mains de Cliff. Elle s'écrasa sur un rocher et se brisa en trois morceaux.

Cliff blêmit.

—Non…! s'exclama-t-il, effondré.

Comme s'il avait guetté ce moment, Liam tomba du ciel, s'empara des morceaux et s'envola.

Pablo voulut le suivre, mais Cliff le força à rejoindre le Speeder.

Humilié et aussi brisé que sa précieuse sculpture, Cliff Hanger prit place sur le siège du pilote. Le Speeder s'éleva dans les airs, comme téléguidé.

En dessous d'eux, Liam, Cooper et Phil dansaient en rond autour de la sculpture en morceaux. Yashimoto s'avançait vers eux. Mais il fut impossible pour John d'en voir davantage, car le HeroSpeeder changeait de cap.

Ils firent un arrêt rapide près du phare, où Dante les attendait. Après quoi ils s'envolèrent vers l'Australie.

Personne n'osait rompre le silence de mort qui régnait dans l'hélicoptère. Soudain, John n'y tint plus.

— La sculpture a-t-elle perdu pour toujours ses pouvoirs magiques ? demanda-t-il le cœur battant. Yashimoto pourra-t-il les lui rendre ?

Cliff Hanger soupira.

— Dans l'état où elle est, aucun garçon ne pourra plus être lié à aucun animal, répondit-il lentement.

Soudain, son visage s'éclaira.

— Tout simplement parce qu'il s'agit d'une copie. Avez-vous vraiment cru que j'apporterais la véritable sculpture sur une plage, comme si c'était une serviette de bain?

Les quatre garçons restèrent bouche bée. Trois secondes plus tard, ils éclatèrent de rire.

—Tu ferais un excellent comédien, Cliff! Je t'ai cru pour de bon! s'exclama John.

—Moi aussi! ajouta Mojo.

—Et dire que je m'étonnais que tu aies lâché la sculpture aussi vite! dit Pablo.

Cliff se tourna quelques secondes vers ses passagers.

—Yashimoto va être occupé pendant un bon moment, dit-il, satisfait. Il va recoller les morceaux et, en voyant que la sculpture n'a plus ses pouvoirs, il va se plonger dans des livres anciens pour essayer de trouver des formules magiques lui permettant de les lui rendre. Nous aurons largement le temps de souffler.

John n'y résista pas. Il détacha sa ceinture de sécurité, se dirigea vers Cliff et lui tapa dans la main.

—Youhou! dit-il, fou de joie. Tu ne peux pas imaginer le poids que j'avais sur le cœur.

J'ai culpabilisé parce que c'est mon smartphone que Yashimoto a piraté.

Cliff secoua la tête.

—Non, c'est ma faute, protesta-t-il. J'ai négligé l'aspect technique. Ça ne se reproduira plus.

Dans l'un des compartiments situés à l'avant du Speeder, il prit un smartphone ultramoderne qu'il tendit à John. Un modèle inconnu du garçon.

—C'est ma nouvelle invention, expliqua Cliff, tandis qu'ils survolaient les pyramides de Gizeh.

Le HeroSpeeder faisait toujours un détour avant d'arriver à bon port.

—Personne ne peut pirater ce portable, pas même Yashimoto.

Il en sortit trois autres, qu'il lança derrière lui.

Aiko les rattrapa au vol avec ses ventouses.

—Ce sont des HeroPhones, les amis ! lança John. Des téléphones pour de vrais héros !

Un hourrah collectif lui répondit. Même Nelson se mit à couiner.

—J'ai aussi quelque chose pour toi, annonça John en sortant les pièces d'or de la poche de son short.

Cliff siffla.

—Tu as fait une sacrée trouvaille, dit-il. On dit même que ces pièces auraient des pouvoirs magiques, mais ce ne sont sans doute que des rumeurs…

Il s'éclaircit la voix.

—Et maintenant, attache-toi, Aiguillon des mers, dit-il sévèrement. Dans trente secondes, nous atterrirons sur le toit de la maison de tes parents.

John le regarda, stupéfait.

Les autres éclatèrent de rire.

—Tu devrais réellement te lancer dans une carrière d'acteur ! insista John en secouant la tête.

Le HeroSpeeder se posa sur une prairie déserte, non loin de la ville où John habitait.

Après avoir détaché sa ceinture, le garçon enfonça son HeroPhone dans sa poche. Puis il tapa dans la main des trois Animal Heroes : Mojo, Pablo et Aiko.

Les quatre amis tendirent le bras et superposèrent leurs mains.

— Un pour tous, tous pour un ! lancèrent-ils en chœur.

Puis John se détourna et descendit le long de la rampe.

Nous sommes si différents, se dit-il, au moment où le HeroSpeeder décollait. *Nous ne sommes pas toujours unis, mais nous pouvons compter les uns sur les autres chaque fois qu'il y a un problème grave.*

En sifflotant, il rajusta son chapeau et se rendit chez son ami, Mike, pour voir la fin du match de rugby.

Si vous avez aimé ce livre,
découvrez également aux éditions

CASTELmore

Les Ailes du faucon de THiLO

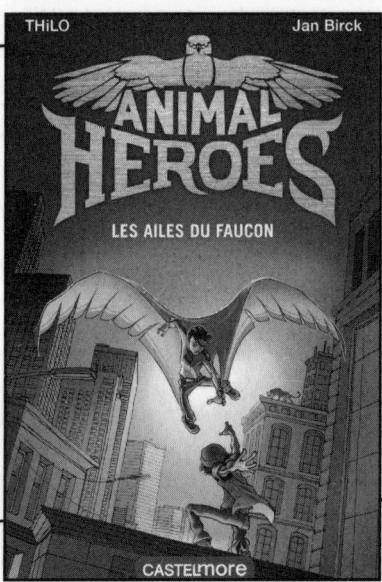

Pablo, onze ans, n'a ni frère, ni sœur, ni vrais amis. Mais un soir, sa vie change du tout au tout... Grace à Horus, un extraordinaire faucon. Depuis leur rencontre, Pablo peut voler ! Et voir à des kilomètres ! Et, surtout, il se fait trois nouveaux amis aux incroyables pouvoirs. Ensemble, ils seront les Animal Heroes !

Tout irait bien pour Pablo s'il n'avait pas récolté par la même occasion de terrifiants ennemis : les Beast Boys.

Quand ceux-ci enlèvent son copain Mojo et son guépard, les super-pouvoirs et le courage des Animal Heroes leur suffiront-ils à surmonter les épreuves qui les attendent ?

CASTELmore

Le Virus fantôme de Mark Cheverton

Herobrine, le virus à intelligence artificielle, a finalement été détruit et ses troupes maléfiques se sont dispersées. La paix semble enfin régner sur les serveurs de MINECRAFT®... Mais c'est sans compter une série de bugs étranges et dangereux : moutons qui tombent du ciel, cochons qui marchent à l'envers, neige dans le désert... Et villages détruits !

En enquêtant sur ces mauvais tours, GAMEKNIGHT commence à douter : et si Herobrine n'était pas mort ?

Un piège redoutable se referme sur MINECRAFT®. GAMEKNIGHT arrivera-t-il à résoudre le mystère avant la destruction totale de l'Overworld ?

Seuls dans la savane de Julie Perrin

Elliot et Soline s'apprêtent à passer des vacances de rêve : un safari dans les paysages grandioses d'Afrique du Sud ! Ils pourront apercevoir dans leur habitat naturel des éléphants, des suricates et des lions en liberté. Mais le lendemain de leur arrivée, leurs parents disparaissent ! Les deux aventuriers en herbe se retrouvent livrés à eux-mêmes au cœur de la nature sauvage...

Quelle piste suivre pour regagner le campement des rangers ?

Comment éviter les dangereux prédateurs ?

Elliot et Soline sauront-ils se débrouiller seuls dans la savane ?

CASTELMORE

Le Jour du Cache-Œil d'Anne-Laure Rique

Moustique est l'héritier d'une dynastie de pirates sanguinaires, qui sèment la terreur dans toutes les Caraïbes !

Hélas, il a une peur maladive des perroquets et n'a aucun intérêt pour les lames tranchantes si ce n'est pour émincer les oignons et couper des babas au rhum... Car, depuis toujours, Moustique rêve d'être cuisinier.

Mais son père, le célèbre capitaine Fynn Lagrogne, n'est pas du tout, du tout d'accord : Moustique devra suivre l'apprentissage pour devenir capitaine pirate, un point, c'est tout ! Le voilà forcé de s'entraîner pour les effrayantes épreuves du jour du Cache-Œil...

CASTELMORE

Achevé d'imprimer en avril 2019
par Aubin Imprimeur à Ligugé
N° d'impression 1901.0278
Dépôt légal, mai 2019
Imprimé en France
36231504-1